화점 정석

2. 한칸과 눈목자 수비·붙임·양걸침

화점 정석 2. 한관과 눈목자 수비·붙임·양걸침

초판 1쇄 발행 2024년 3월 15일

지은이　　이하림
발행인　　조상현
마케팅　　조정빈
발행처　　더디퍼런스

등록번호　　제2018-000177호
주소　　　　경기도 고양시 덕양구 큰골길 33-170
문의　　　　02-712-7927
팩스　　　　02-6974-1237
이메일　　　thedibooks@naver.com
홈페이지　　www.thedifference.co.kr

독자여러분의 소중한 원고를 기다리고 있습니다. 많은 투고 부탁드립니다.

ISBN 979-11-6125-462-3 13690

매 일 트 이 는
AI 바둑 핸드북

화점 정석

── 2. 한칸과 눈목자 수비·붙임·양걸침 ──

이하림 지음

더 디 퍼 런 스

●

들어가는 말

●

　"바둑의 신이 있다면 인간의 최고수와 몇 점이면 적당할까?" 오래 전부터 이런 궁금증이 있었습니다. 그동안 인간은 두점 접바둑이면 이긴다고 자신감에 넘치기도 했지만 막상 신급 존재인 인공지능(AI)이 등장하자 넉 점에도 목숨을 걸기 어려운 시대가 되었습니다. AI등장 초기에는 그래도 해볼만하다는 생각이 있었는데 AI가 진화에 진화를 거듭하면서 지금은 바둑의 적수가 아닌 스승으로 받아들이기에 이르렀습니다.

　AI시대에는 생각지도 못했던 기술이 창궐합니다. AI가 보여주는 바둑의 세계는 정말 신비롭지요. 상식을 벗어난 수가 신기하게도 힘을 발휘하는 등 상황에 따라 변신하는 둔갑술의 천재입니다. 인간은 보이는 힘만 믿지만 AI는 보이지 않는 힘으로 세밀하게 분석하고 종합적 판단을 내립니다.

　특히 바둑의 초반은 감성과 감각이 지배하는 시공간이며 단순 인공지능의 계산으로는 인간지능을 넘을 수 없는 금기의 영역이었는데, 더욱 강력해진 인공지능은 이런 고정관념을 보기 좋게 깨뜨리며 인간의 감성을 압도했습니다. 미지의 세계인 초반에도 신출귀몰한 AI는 거침없이 계산을 하며 이에 따라 정석과 포석에서도 혁명이 일어났습니다.

　그동안 인공지능이 차가운 이성으로 인간 바둑의 세계를 파헤쳐왔다면 이제는 인공지능 바둑의 심오한 세계를 인간의 따뜻한 감성으로 분석할

차례입니다. 이 책의 기획 배경은 이처럼 달라진 바둑 수법을 AI의 새로운 시각으로 보여주려는 데 있습니다.

정석 분야에서는 주로 사용하는 화점과 소목이 대상인데, 우선 당면 과제인 화점 정석에서는 핸드북 네 권의 시리즈로 완결할 예정입니다. 그중에서 '화점 정석 1-2'는 가장 많이 접하는 기본적인 정석에 대해, '화점 정석 3-4'는 협공 정석에 대해 다룰 예정입니다.

본문은 유형별로 이어지며, 보충 학습을 위해 필요에 따라 유형 말미에 '원포인트 레슨'을 넣었고, 입체적 학습을 위해 각 파트의 말미에 '실전 정석활용'을 실었습니다.

전반적으로 낮은 단계에서 높은 단계까지 두루 독자의 수준에 맞춰 AI시대를 관통하는 정석의 길잡이로 삼을 수 있도록 체계적이고 실전적이며 흥미롭게 꾸미고자 노력했습니다.

바둑의 신을 상상했던 세계가 현실이 되었습니다. 우리가 AI로부터 배울 점은 종합적 관점에 의한 대세적 안목과 열린 사고에 의한 창의적 발상입니다. 이 책에는 AI로부터 전수받은 다양한 정석과 변화들이 등장하지만 사실 AI는 정석이란 무엇인지도 모릅니다. 어차피 AI는 말이 없습니다. 오직 계산하고 판에다 실천할 뿐입니다. 전체 국면의 일부분인 정석도 인간의 언어인 만큼 어떻게 활용할지는 전국을 바라보는 여러분의 안목에 달렸겠지요.

더불어 AI시대에 바둑을 즐기면서 실력을 늘리는 비결은 모양에 구애받지 않는 자유자재한 인공지능의 냉정한 계산에 모양을 중시하는 인간의 예술적 열정으로 생명을 불어넣는 조화로운 공존 아닐까요.

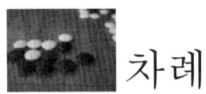 차 례

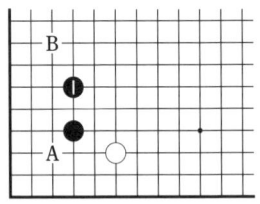
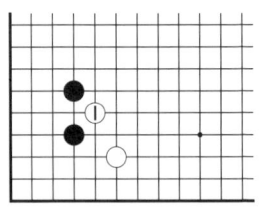
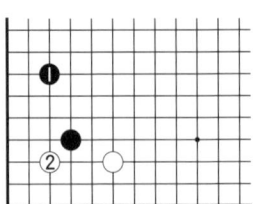
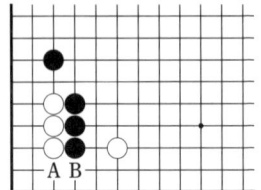

2부 ☞ 진화된 붙임 정석

5형 마늘모붙임 정석에서 변으로 침입

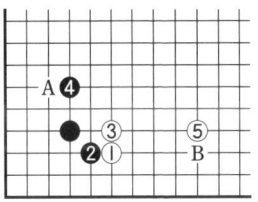

48

6형 마늘모붙임 정석에서 변으로 다가섬

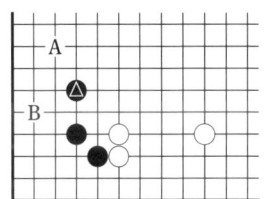

60

7형 마늘모붙임 정석에서 귀로 침입

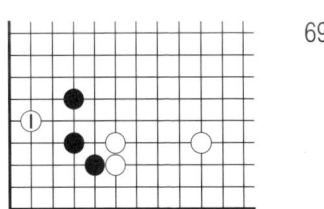

69

8형 마늘모붙임 정석에서 주도적 착상

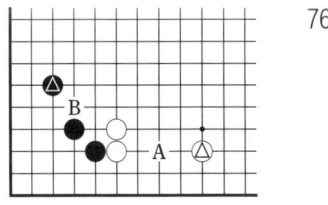

76

9형 위붙임과 대응수단의 재평가

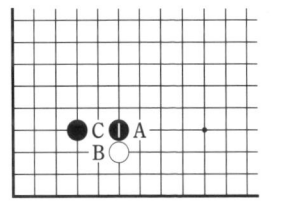

83

10형 붙여뻗기 – 귀의 붙임과 마늘모 행마

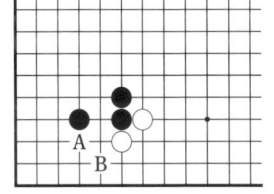

92

11형 붙여뻗기 - 3三침입에 연결해주기

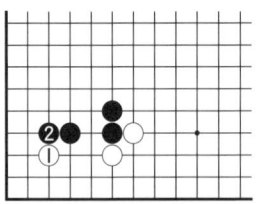

99

12형 붙여뻗기 - 3三침입에 차단하기

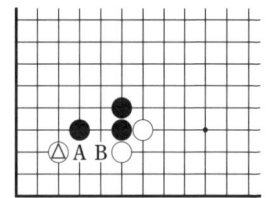

104

13형 붙여막기 - 일명 이창호 정석

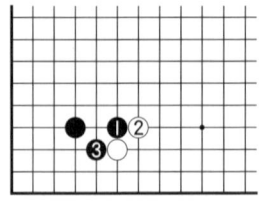

115

실전 정석활용 • 123

3부 ☞ AI 주특기 양걸침 정석

14형 화점 양걸침 – 구형 변화와 진단

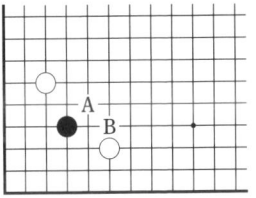

128

15형 화점 양걸침 – 능동적인 밀어올림

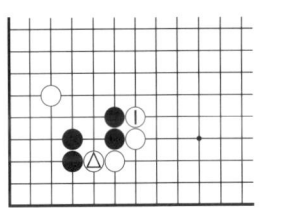

134

16형 화점 양걸침 – 최신 귀의 붙임

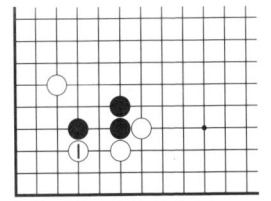

141

17형 화점 양걸침 – 꽉 잇는 변화

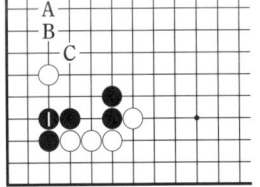

146

18형 화점 양걸침 – 진화된 높은 걸침

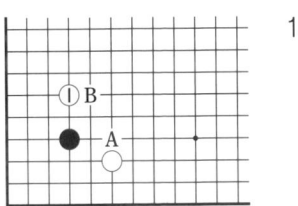

155

실전 정석활용 • 168

1부

한칸과 눈목자
수비 정석

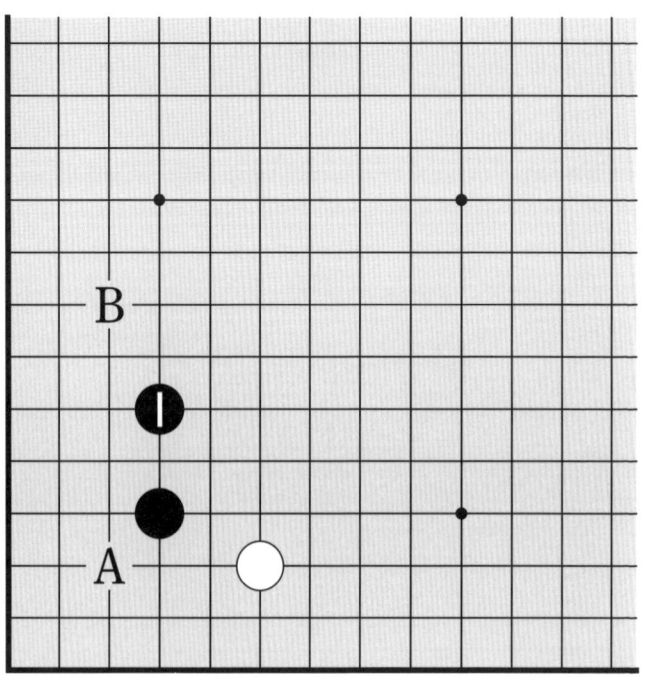

흑1의 한칸받음은 날일자에 비해 변의 뒷문이 열려있지만 중앙을 중시하는 두터운 수비이다.

백은 전략에 따라 선택도 달라지는데 하변에서 무난하게 정착하는 방법과 더불어 A의 능동적인 3三침입, B의 공격적인 다가섬 등을 기본적으로 생각할 수 있다.

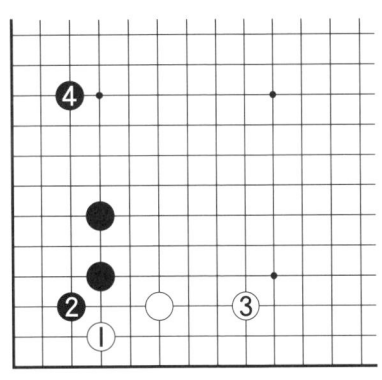

1도(국민정석)

백1, 3으로 하변에 모양을 잡으면 일단 평탄하다. 흑도 4의 벌림이 후수이지만 근거지를 형성하는 요처이다. 실전이라면 흑4는 큰 자리로 향할 수 있다.

소위 국민정석 상위 랭킹에 드는 무난한 진행이다.

2도(무난한 벌림)

한칸받음에서 서로 한 수씩 모양을 넓힌다면, 백1과 흑2의 세칸으로 백은 높고 흑은 낮게 벌리는 것이 균형상 무난하다.

3도(백의 좌변 도모)

1도의 기본 정석에서 백이 좌변을 도모한다면 1, 3으로 4선부터 붙이며 파고들 수 있다.

이때 흑a로 이으면 백의 활용이며 b로 잇더라도 좌변 흑을 갈라놓으려는 의도가 통한다.

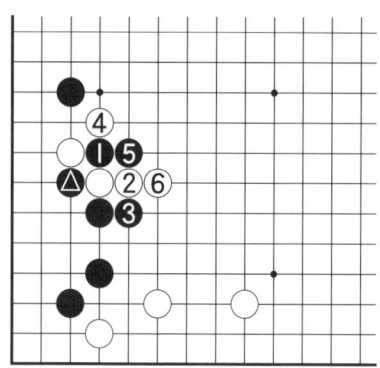

4도(귀쪽에서 미는 경우)

흑▲로 젖힌 이상 흑1로 단수치고 백2로 나갈 때 흑은 어느 쪽이든 밀어야 활력이 생긴다.

흑3으로 귀쪽에서 밀면 백도 4, 6이 좋은 수순이다.

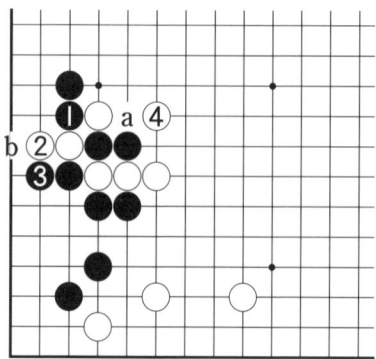

5도(흑, 금물)

이때 흑이 축이 좋더라도 1, 3으로 잡는 것은 금물이다.

백4로 씌우면 백의 만족인데, 다음 흑이 a나 b로 가일수하면 더욱 불리하다.

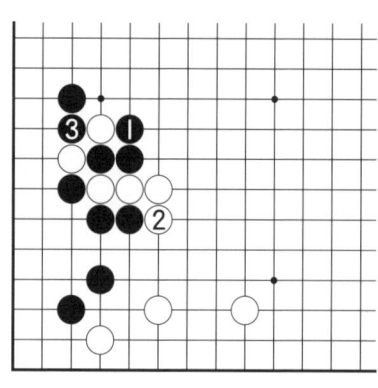

6도(백, 두터운 활용)

4도 다음 흑1로 꼬부리는 것이 정수이고, 백도 2로 꼬부려 활용하는 것이 알기 쉽다.

AI 안목으로는 백이 선수로 두텁게 활용해서 충분하다.

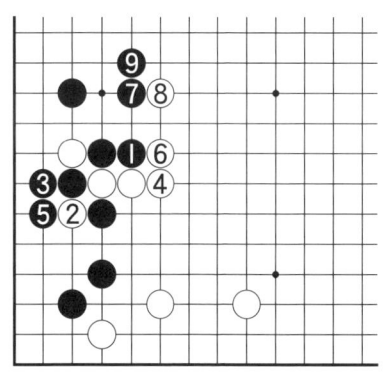

7도(올바른 방향)

4도 백2 때 흑이 올바르게 미는 방향은 1쪽이다. 백은 2, 4로 단수치고 늘어둔 후 흑5에 백6의 꼬부림이 두터운 수단이며 보통 9까지 일단락된다.

흑은 실리를 지키고 백은 활용을 통해 중앙 두터움을 얻었다.

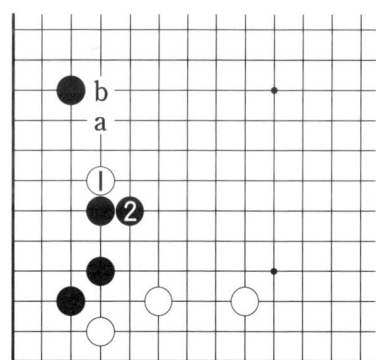

8도(온건한 대응)

되돌아가서, 백1로 붙이면 흑의 반발을 생각할 수 있다.

흑2는 온건한 대응으로 차후 백은 a나 b로 흑진 공략을 노릴 수 있다.

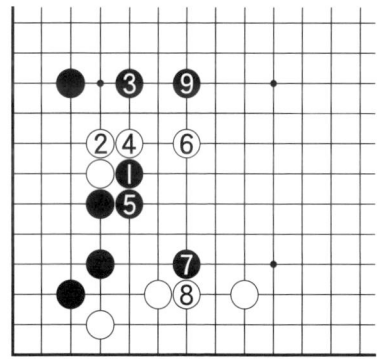

9도(적극적 대응)

백이 붙일 때 흑1의 젖힘은 적극적 대응이며, 이하 9까지 AI가 제시하는 수순이다.

이 진행이면 백을 추격하는 흑의 공격 리듬이 기분 좋다.

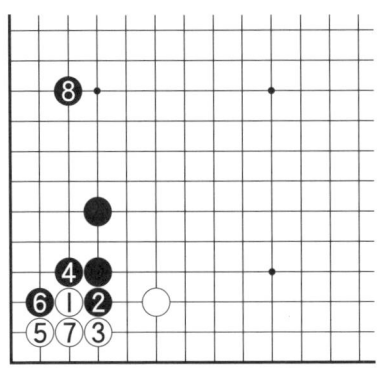

10도(백, 3三침입)

처음부터 백1의 3三침입은 스피드 한 실리작전이다.

이때 흑이 온건하게 두자면 2, 4로 물러선 후 8까지 하변의 연결은 허용하고 좌변에 안착한다.

물론 실전이라면 흑8은 큰 자리로 향할 수 있다.

11도(흑, 차단)

앞 그림 백3 때 흑1, 3의 차단은 한때 많이 두던 적극적 수단이다. 백4로 실리는 내주지만 흑은 바깥 세력을 중시한다.

다음 흑이 알기 쉽게 둔다면 a는 느슨하고, b자리가 무난하다.

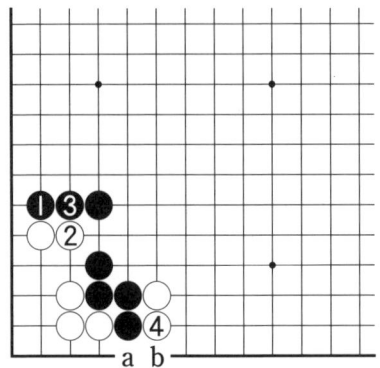

12도(행마의 리듬)

흑1로 붙이는 것이 힘찬 수단이지만 AI가 권장하지는 않는다.

백은 2를 선수한 후 4의 활용으로 응수를 묻는 것이 행마의 리듬이다. 다음 흑은 a와 b의 선택이 있다.

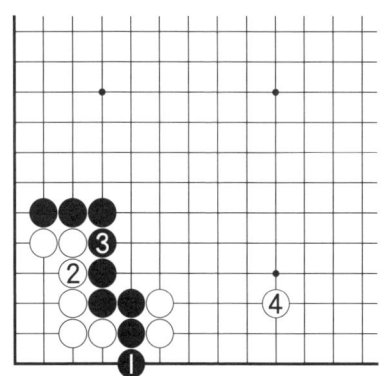

13도(내려빠지는 경우)

흑1로 내려빠지면 백2로 살아두는 것이 확실하다.

흑3에 지키고 백4로 벌리면 일단락인데, AI는 백이 두터움을 허용해도 귀와 변을 처리해서 충분하다고 본다.

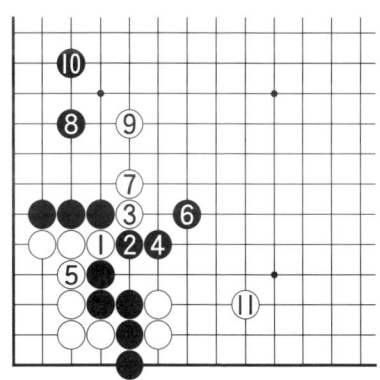

14도(백이 싸우는 경우)

백이 축이 유리하면 1, 3으로 끊고 5로 귀를 지킬 수도 있다.

흑6으로 비스듬히 움직인 후 11까지 AI가 제시하는 수순인데, 백이 충분히 싸울 수 있다.

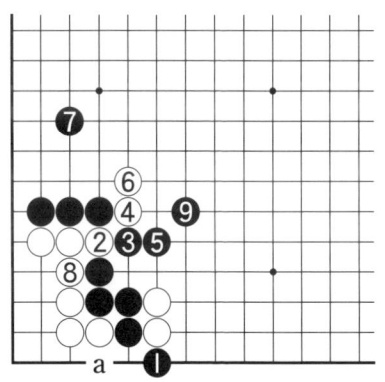

15도(젖히는 경우)

12도 다음 흑1로 젖히면 백은 a가 선수인 만큼 귀는 이대로 살아있어 손을 빼도 된다.

만일 백이 2, 4로 끊어 갈라놓고 싶으면 6 다음 8로 귀를 지키는 것이 무난하다. 흑9 이후는 서로 어려운 싸움이다.

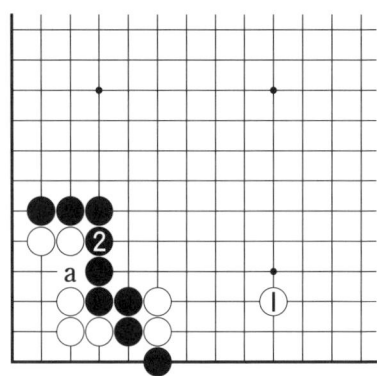

16도(대국적 태도)

하변 백1로 벌릴 때는 흑2로 막는 것이 두터운 자리이다.

　귀는 팻맛이 있지만 백도 a로 살기보다 여기서 손을 빼는 것이 대국적 태도이다.

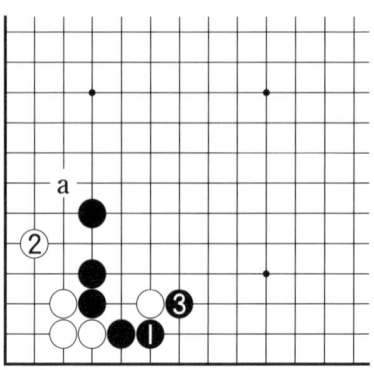

17도(권장하는 지킴)

흑이 하변을 차단한 이상 AI는 흑1, 3의 지킴을 권장한다.

　차후 백a의 좌변 진출은 허용할 수 있지만 흑의 하변 진영이 두터운 이점이 있다.

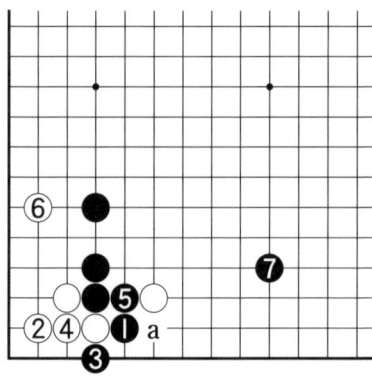

18도(백, 호구이음)

흑1에 백2 호구이음은 엷은 만큼 특별한 경우에만 사용한다.

　흑3, 5로 차단할 때 백6 눈목자로 넓게 벌리겠다는 뜻인데, 그러면 흑이 7의 협공으로 하변을 장악한다. 백은 a 활용이 없는 만큼 직접 움직이기가 어렵다.

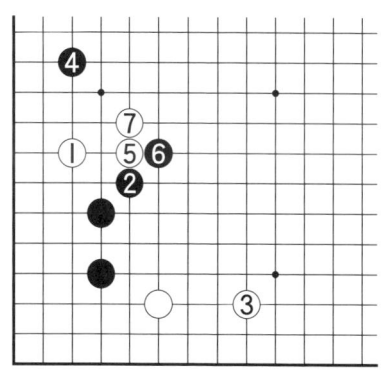

19도(흑, 느슨한 마늘모)

처음으로 돌아가서, 백1로 좌변
에 다가서는 것은 공격적인 도발
이다. 이때 흑2의 마늘모는 양쪽
백을 노리지만 느슨한 행마이다.

우선 백은 3으로 하변을 벌리
고 나서 좌변은 흑의 태도에 따
라 대응한다. 가령 흑4로 공격하
면 백5, 7로 타개한다.

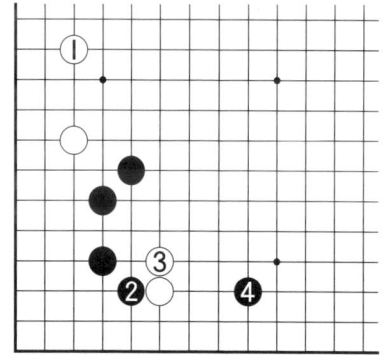

20도(강력한 공격)

앞 그림 흑2 때 백1로 좌변을 먼
저 벌리는 수도 일책이다.

이때 흑은 2, 4의 강력한 공격
을 꿈꾸고 있을지 모른다. 이런
흐름이면 흑이 기세를 탄다.

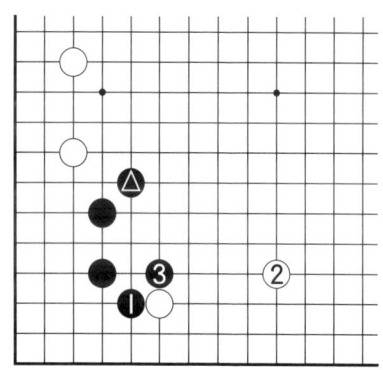

21도(흑, 중복)

흑1 마늘모붙임에는 백2로 멀리
서 견제하는 것이 현명하다.

흑3의 호구가 요처이지만 ▲까
지 있는 마당에 중복에 가깝다.

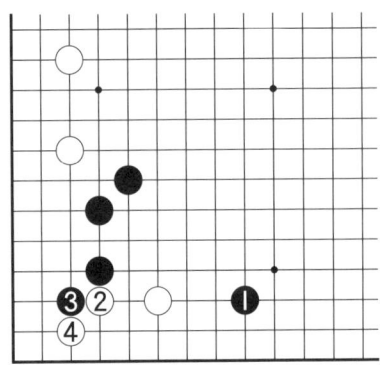

22도(백, 자체 수습)

흑이 마늘모로 붙이지 않고 1로
직접 협공하면 이번에는 백이 2,
4로 자체에서 수습할 수 있다.

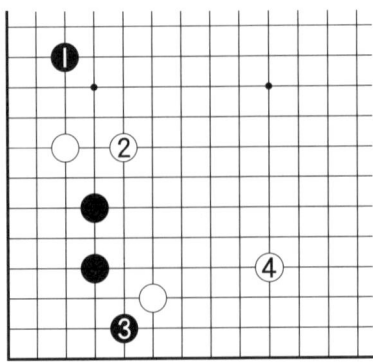

23도(좌변에서 공격)

되돌아가서, 흑은 어느 쪽이든 직
접 공격하는 것이 능동적이다.

좌변이면 흑1로 공격하면서 3
으로 귀를 지키는 것이 유연한
행마이다, 백도 4로 벌리면 서로
자연스런 공방이다.

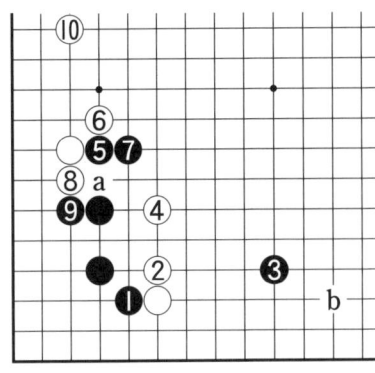

24도(하변에서 공격)

하변이면 흑1, 3의 협공이 AI의
추천 공격법이다. 이하 10까지
예상되는 변화이다.

백은 좌변에 정착하며 a 끊음
도 노리면서 타개하려는 뜻인데,
흑3 때 백은 b쪽 다가섬도 급전
을 피하는 유연한 행마이다.

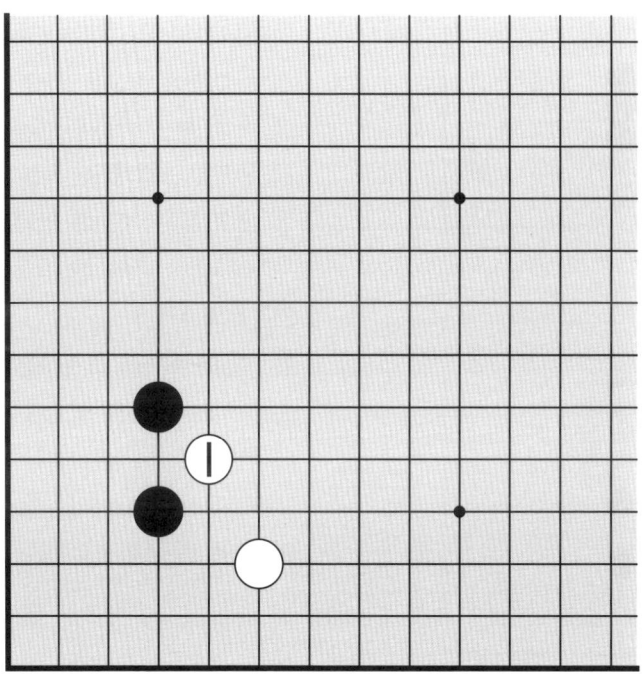

한칸받음에 대해 백1로 5선에서 들여다보는 것은 상대를 굳혀준다 해서 예전에는 악수의 표본이었다.

지금은 AI가 즐겨 두면서 고정관념을 깨는 활용의 응수타진으로 둔갑하여 격세지감인데, 이후의 변화에 대해 알아본다.

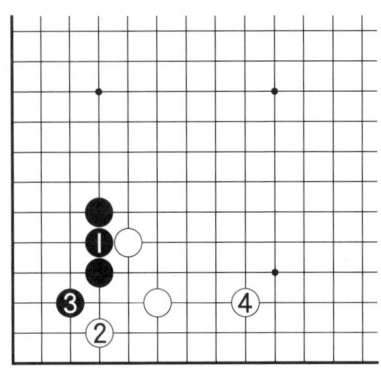

1도(백의 활용)

흑1로 이으면 아주 튼튼해서 흑의 이득이라는 것이 그동안의 고정관념이었다. 그런데 백2, 4로 정석 진행을 하고보면 중앙 교환은 백의 활용이라는 것이 AI의 판단이다. 그래서 백2 때 흑도 손을 빼고 두는 경우가 많다.

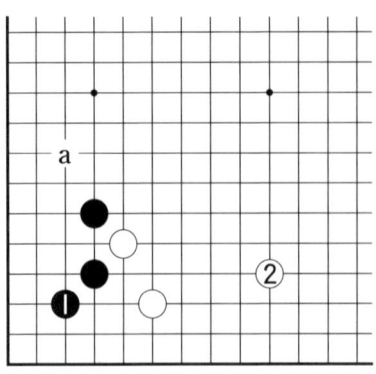

2도(흑의 부담)

흑1의 마늘모로 귀를 지키는 것은 실리로 이득을 얻으려는 생각이지만 모호한 행마이다.

　백2로 벌리고 나서 a의 다가섬이 흑의 큰 부담으로 남는다.

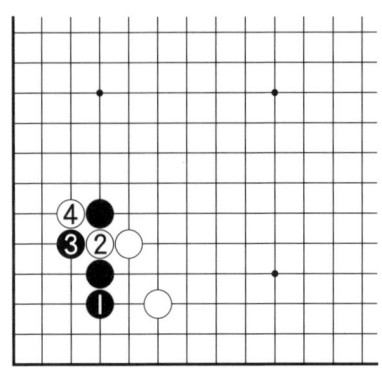

3도(흑, 쌍점 지킴)

흑1의 쌍점 지킴은 생각할 수 있는 대응 수단이다.

　백2, 4로 나가끊을 때가 초점인데~

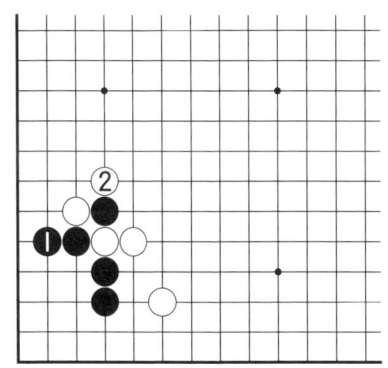

4도(흑, 불리)

흑1로 물러서고 백2로 한점을 축으로 잡으면 흑이 불리하다. 물론 이 축은 백이 유리해야 한다.

반대로 백은 축이 불리하면 나가 끊는 수가 어렵다는 뜻이기도 하다.

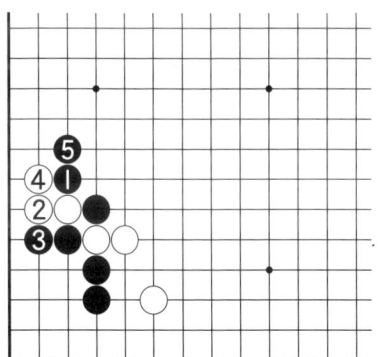

5도(흑의 정수)

3도 다음 흑은 축이 불리하면 1, 3으로 몰아가는 것이 정수이다. 백4에는 흑5로 늘고 나서~

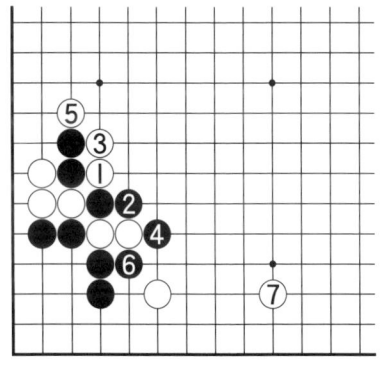

6도(바꿔치기)

백1, 3으로 양쪽을 노리면 6까지 서로 두점을 잡으며 바꿔치기가 일어난다.

부분적으로 흑의 실리가 크지만 백7로 하변을 견제하면 백도 충분해 서로 어울렸다.

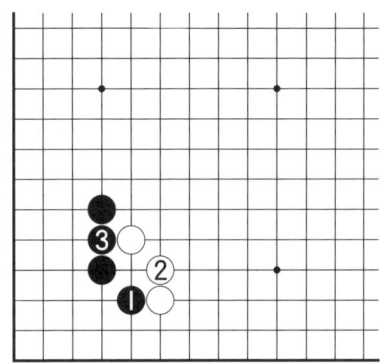

7도(백, 불만)

처음으로 돌아가서, 흑1의 마늘모붙임이 가장 적극적 수단이다.

　백2로 그냥 받으면 흑3으로 이어 귀를 지킨 흑 모양이 완전 튼튼한 만큼 백의 불만이다.

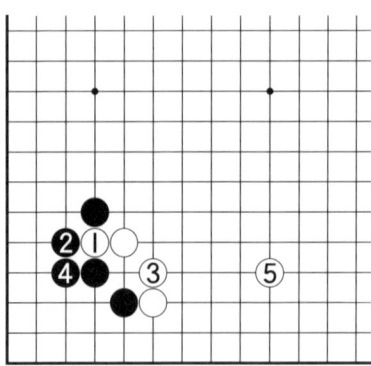

8도(귀쪽 이음)

백이 온건하게 받더라도 1로 찔러놓고 3으로 두는 것이 한결 낫다. 다음 흑이 귀를 중시하면 4로 잇고, 백도 5로 벌리면 부분적으로 무난하다.

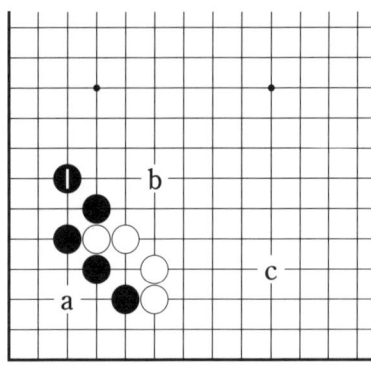

9도(변쪽 이음)

앞 그림 흑4 대신 AI는 흑1의 변쪽 이음을 권장한다. a의 단점은 남지만 b로 확장하는 자세가 좋다는 뜻이다.

　백도 a의 침입은 시기가 중요하며, c의 벌림은 발이 느리다.

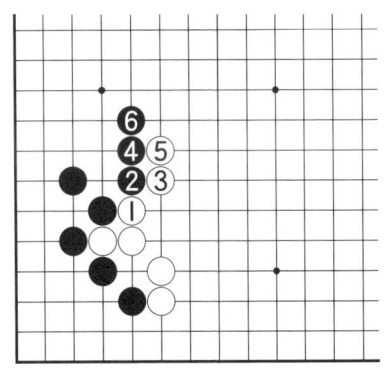

10도(대국적 발상)

AI 안목에서 여기를 백이 계속 두자면 1 이하 5까지 밀어두고, 이 두터움을 활용하는 편이 대국적 발상으로 본다.

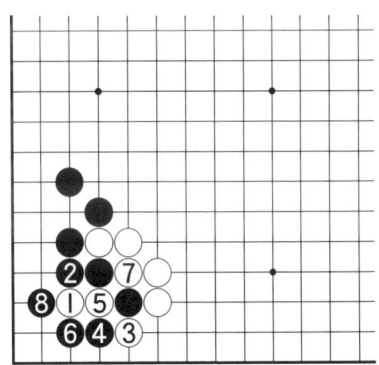

11도(흑, 불만)

백1로 바로 침입하면 흑은 어떻게 대처할까.

흑2로 받은 후 8까지 물러나는 것은 활용당한 결과로 흑의 불만이다.

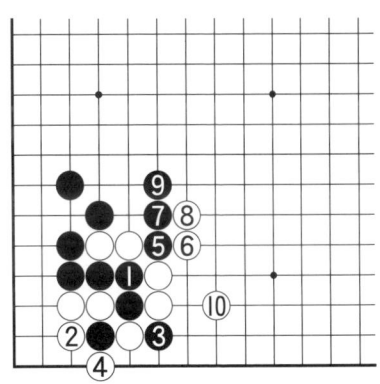

12도(능동적 행마)

앞 그림 백5 때 흑1로 잇고 백2로 귀는 내주더라도 흑3, 5로 끊는 것이 능동적 행마이다.

이하 10까지 예상되는 변화인데, 흑이 실리는 손해이지만 두터움으로 충분히 대항할 수 있다.

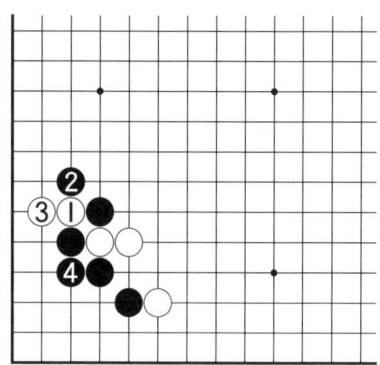

13도(변쪽 끊음의 경우)

8도 흑2 때 백도 흑진의 단점을 끊는 것이 적극적 태도인데, 백1의 변쪽 끊음이면 흑2, 4로 몰고 이을 때 중앙 방면이 약한 백이 헤쳐나가기 어렵다.

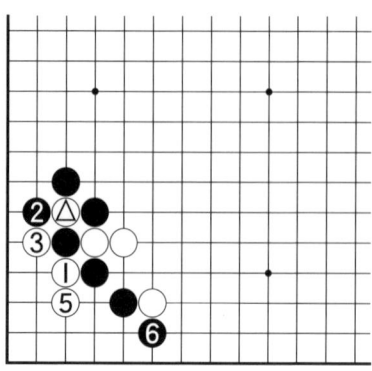

14도(백, 불리)

앞 그림 흑2 때 백1로 끊고 5까지 귀에 들어갈 수 있지만, 한점 따낸 흑의 좌변이 두터워졌고 하변도 흑6으로 수습하면서 활용하기만 해도 백이 불리하다.

❹‥△

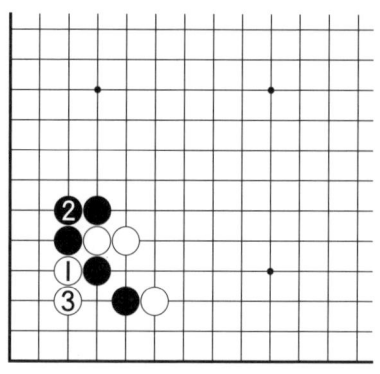

15도(흑, 열세)

따라서 백1로 귀쪽에서 끊는 것이 올바르다.

　이때 흑2로 잇는 것은 백3으로 늘 때 앞 그림과는 상황이 다르다. 흑은 좌변이 약한 만큼 이번에는 열세에 놓인다.

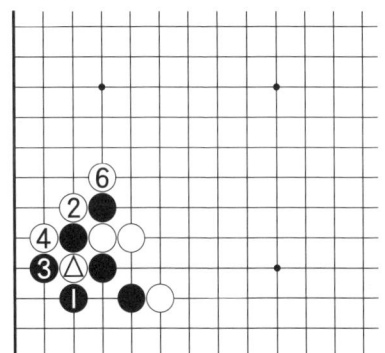

16도(알기 쉬운 대응)

따라서 백△에는 흑1로 단수쳐야 하며, 백도 2 이하 6까지 한점을 축으로 잡을 수 있다면 알기 쉬운 대응이다.

❺·△

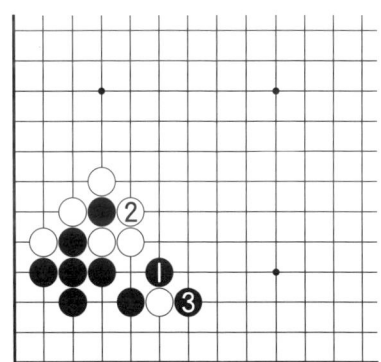

17도(타협)

흑은 축이 불리해도 1로 젖히고 나와 백2로 따내면 흑3으로 하변 한점을 잡을 수 있다. 흑이 후수이지만 실리가 충분해서 부분적으로 타협된 결과이다.

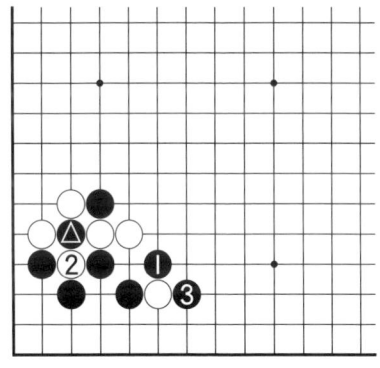

18도(흑, 선수를 잡는 방안)

16도 백4 때 흑은 잇지 않고 1, 3으로 한점부터 잡을 수도 있다.

그사이 백은 패를 따내고 4로 해소해 두텁지만, 흑이 선수를 잡고 싶으면 이 그림이 적절한 방안이다.

④·△

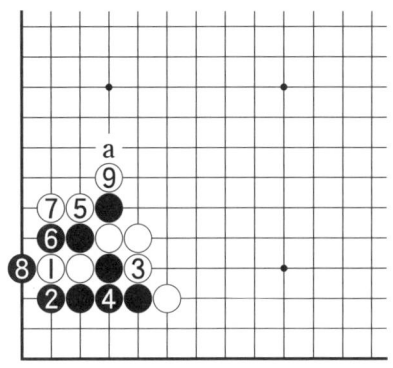

19도(흑, 편협된 사고)

16도의 2 대신 백1로 나갈 수도 있는데, 흑2로 막는 것은 귀에 치중한 편협된 사고이다.

　백이 3 이하 9까지 한점을 잡으면 충분하다. 백은 축이 불리해도 9 대신 a로 비스듬히 대응하면 불리하지 않다.

20도(필연의 활용)

귀에서 백이 두점으로 키울 때 흑은 1로 이을 수 있어야 균형이 잡힌다. 백2에 흑3으로 늘면 백 4, 6은 필연의 활용이다.

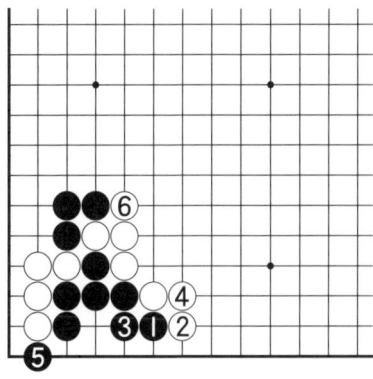

21도(백, 두터움)

이다음 흑1, 3을 선수한 후 5로 넉점을 잡아도 백6으로 밀어가면 두터워서, AI의 대국적 안목에서는 백이 우세하다.

　이 진행의 전제로 백은 중앙 축이 유리해야 한다.

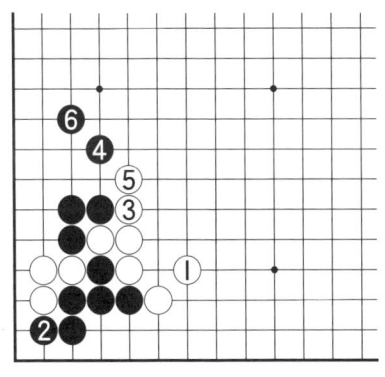

22도(백, 축이 불리한 경우)

20도 흑5 때, 백은 축이 불리하면 1로 바깥 모양부터 정비한다. 흑2에 백3으로 밀어가서 6까지 진행되면, 실리는 허용해도 백은 선수로 두터운 세력을 활용해서 둘 수 있다. 다만 백의 두터움이 앞 그림보다 못해 흑도 충분하다.

23도(무난한 공방)

20도 백2 때, 흑은 축이 불리하면 1부터 젖힐 수 있다. 백2에 흑3이 급소이며, 이하 11까지 AI가 제시하는 무난한 공방이다.

흑은 귀를 허용했지만 양쪽 변을 주도해서 충분하다.

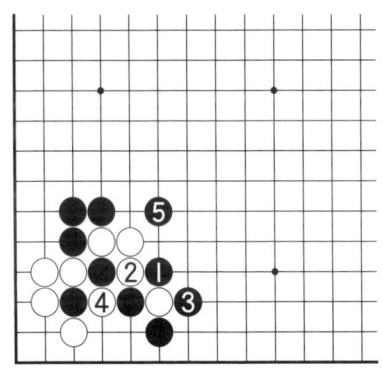

24도(흑, 중앙 중시)

앞 그림 백2 때 흑이 중앙을 중시하면 흑1 단수도 일책이다.

백2, 4에 흑5의 봉쇄가 그럴듯하다. 백도 선수이므로 타협된 결말이다.

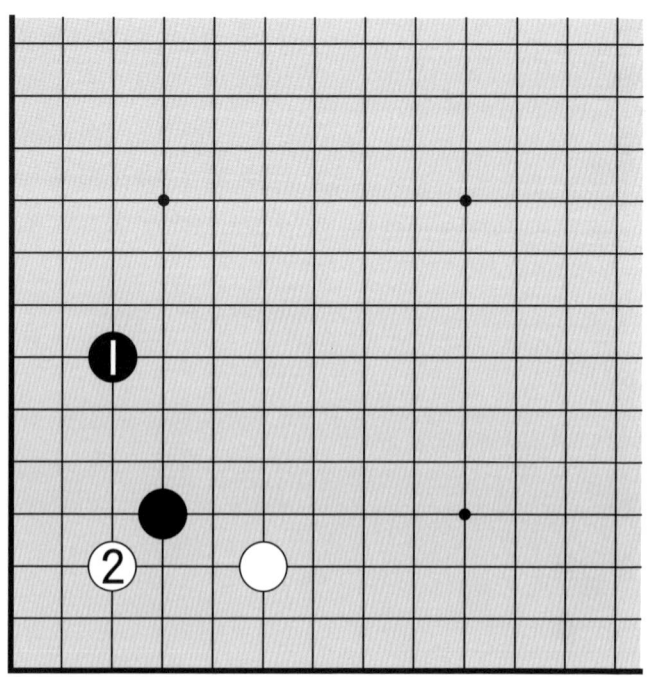

　흑1의 눈목자받음은 귀의 폭을 넓히면서 변으로 앞선 진출을 원하는 수비 행마인데, 백2의 3三침입이 노출되어 실리에는 흑이 약할 수밖에 없다.

　귀의 실리를 중시하는 AI시대에는 별로 두지 않지만 상황에 따른 선택도 있으므로 이후의 기본 변화는 알아 둘 필요가 있다.

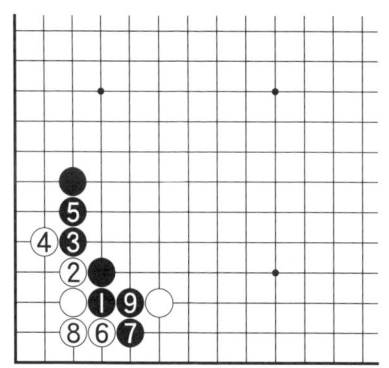

1도(흑의 성급한 젖힘)

우선 특별한 경우가 아닌 한 흑1
의 차단은 당연하다.

　백2에 흑3으로 젖히는 것은 성
급하다. 백4로 젖히고 나서 9까
지는 필연인데~

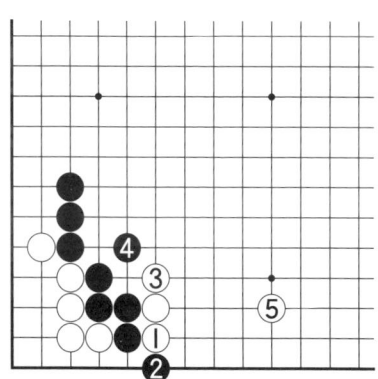

2도(폭넓은 발상)

백은 1, 3으로 활용하며 올라서
고 흑4로 지킬 때 백5로 변에 진
출하는 것이 폭넓은 발상이다. 흑
은 모양이 위축되어 불만이다.

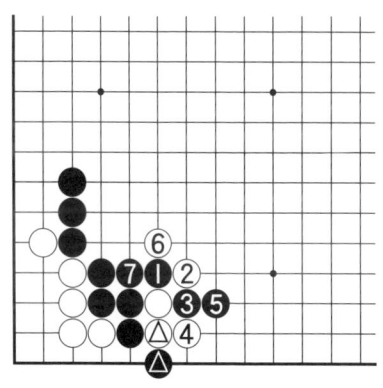

3도(실전적 발상)

백△와 흑▲로 활용한 시점에서
백이 손을 빼는 것도 실전적 발상
이다. 차후 흑1, 3으로 끊으면 백4
로 하나 나가놓고 6을 활용한 다
음 백이 재차 손을 빼서 국면을 주
도할 수 있다.

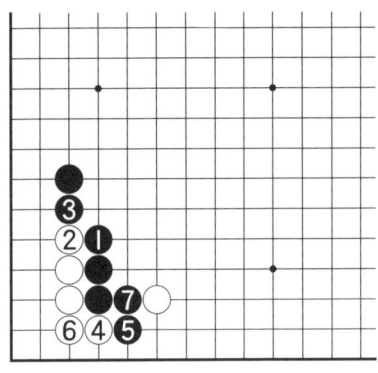

4도(자연스런 흐름)

거슬러 올라가, 1도 백2 때 흑1
로 느는 것이 정수이다. 백2로 밀
면 이제부터 흑3으로 막은 이후
의 변화를 알아본다.

　백은 4, 6의 젖혀이음을 선수
해 살고 나서, 다음 흑세를 견제
하는 것이 자연스럽다.

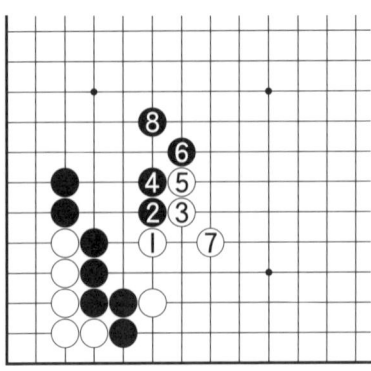

5도(흑, 만족)

백1로 뛰면 흑2의 붙임이 요소이
고 백3, 5로 젖혀 밀어가면 흑6
의 젖힘이 힘찬 행마이다.

　백7과 흑8로 서로 지키면 예전
에 많이 두던 무난한 수순인데,
AI 안목에서는 좌변 두터움의 발
전성이 좋은 흑의 만족으로 본다.

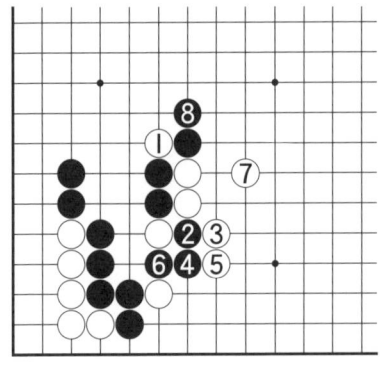

6도(백이 끊는 경우)

흑이 젖힐 때 백1의 끊음이 능동
적 활용이며, 흑도 2의 끊음이 효
과적 대응이다.

　백3, 5로 몰 때 흑6이 간명하
며 백7로 정돈하면 흑도 8로 중
앙을 제어해서 충분하다.

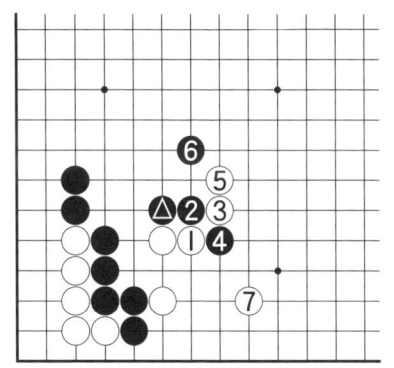

7도(집요한 행마)

흑△로 붙일 때 두터운 모양을 견제하려면 백1로 늘기도 한다.

흑2, 4로 끊는 것이 집요한 행마이며, 백도 5가 요소이고 7의 벌림이 간명한 대응이다.

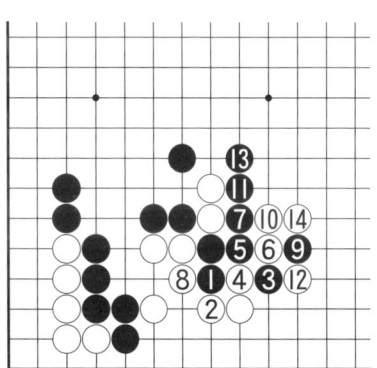

8도(타협의 바꿔치기)

이다음 흑1, 3으로 움직일 때 백 4, 6으로 끊고 나서 14까지는 AI가 제시하는 타협의 수순인데 바꿔치기 양상이다.

하변 백의 실리가 좋지만, 흑도 중앙이 두터워서 충분하다.

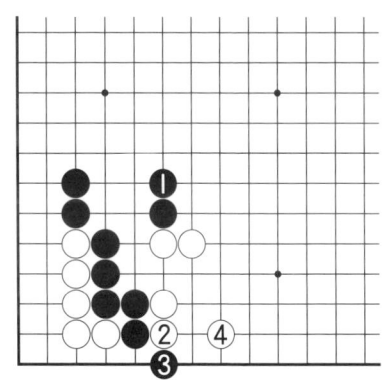

9도(효율적인 쌍립 지킴)

흑이 간명하게 두자면, 이런 모양에서는 흑1의 쌍립이 효율적인 지킴이다.

백도 2, 4로 정돈하면 서로 무난한 진행이다.

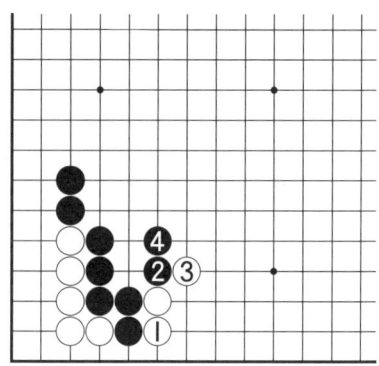

10도(대국적 방안)

4도 다음 하변 백1로 눌러 활용해가는 것도 일책이다.

중앙 흑2, 4로 대응하면 여기서 백이 손을 빼고 큰 자리로 향하는 것이 대국적 방안이다.

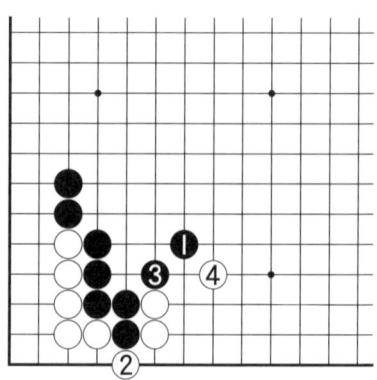

11도(유연한 두칸 대응)

흑도 1로 두칸 넓히는 것이 AI가 추천하는 유연한 대응이다.

백2로 넘으면 흑3이 급소이고 백4로 진출하면 서로 무난한데, 흑이 약간 기분 좋은 흐름이라 본다.

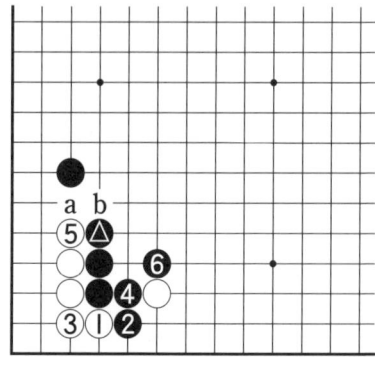

12도(흑의 변신)

흑❷에 늘 때 백1, 3의 젖혀이음을 먼저 두고 5에 밀면, 흑은 a에 막지 않고 6의 두터운 곳을 젖혀 변신할 수 있다. 백b로 약점을 추궁해도 흑이 a로 끊으면 유리하게 싸울 수 있다.

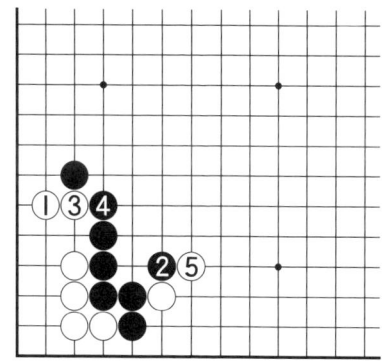

13도(유연한 달림)

앞 그림 흑4 때 AI는 백1의 날일
자달림을 유연한 행마로 본다.

흑2로 젖히는 경우 백3을 결정
해서 맛을 남기고 5로 기대서 움
직이면 백이 약간 기분 좋다는
평이다.

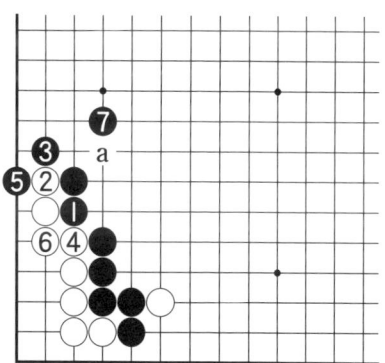

14도(효율적 정비)

백 날일자달림에 흑도 1로 누른
후 7까지 정비해놓는 것이 안정
적이다.

이때 부분보다 전체를 보는
AI는 a 호구보다 7의 날일자 지
킴을 효율적이라 본다.

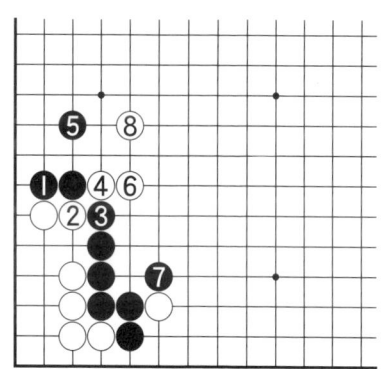

15도(백의 반격)

흑1로 막는 것은 백2, 4의 반격
이 부담이다. 이하 8까지 백이 주
도하는 흐름이다.

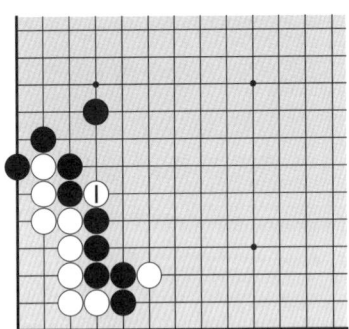

▦ 장면

이 장면에서 백1로 끊으면 흑은 어떻게 대응할지 생각해보자.

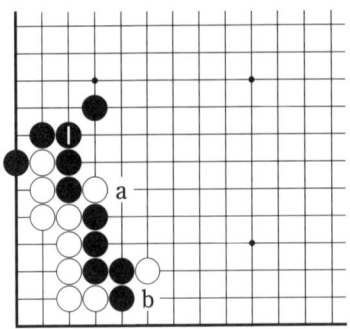

1도(흑, 단순)

흑1로 좌변 약점을 잇는 것은 단순한 생각이다.

차후 백은 a나 b로 움직이는 맛을 노리며, 당장은 손을 빼도 불만 없다.

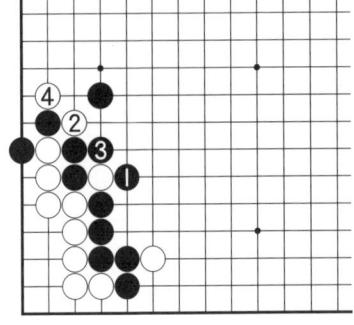

2도(대국적 안목)

흑1로 단수치는 것이 대국적 안목이다.

이 자체로 흑이 활발해졌고 백2, 4로 잡으면 흑이 선수로 두터워져서 더욱 유리하다.

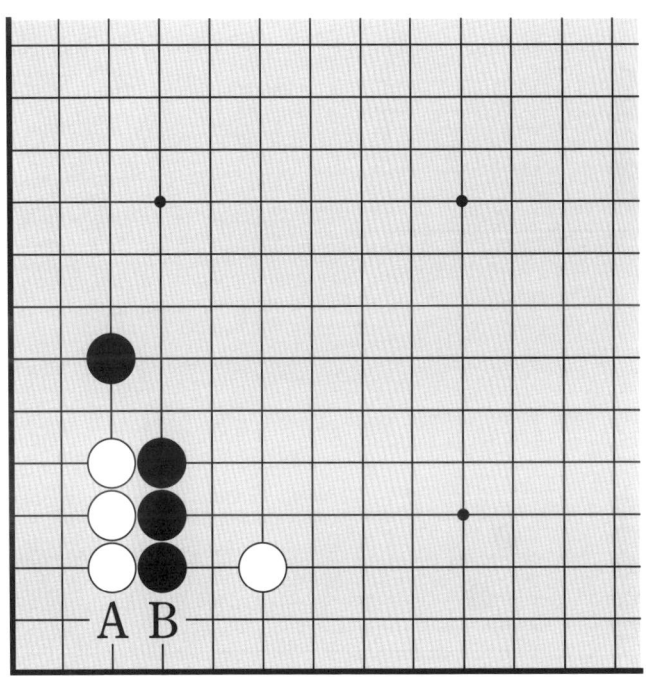

A B

눈목자받음의 정석 과정에서 흑은 변에서 막지 않고 귀에서 A나 B로 먼저 추궁하는 수가 능동적 발상인데 이런 모양에서 사용빈도가 높다.

귀에서 백의 선수 젖혀이음을 미연에 차단하며 두겠다는 뜻인데, 이후의 변화에 대해 알아본다.

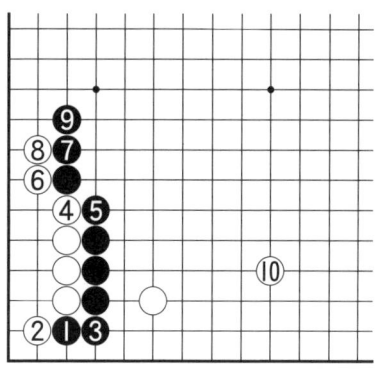

1도(흑의 불만)

흑1의 젖힘부터 알아보자.

　백2 다음 4, 6으로 젖힐 때 흑 7, 9로 늘어가는 것은 부분적으로 두텁지만 후수가 되어 불만이다. 하변 10 부근 두칸이나 세칸, 백이 어디로 벌리든 기분 좋은 흐름이다.

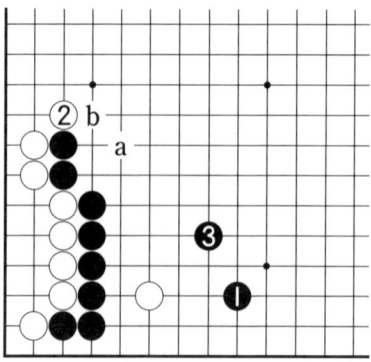

2도(흑, 능동적 협공)

앞 그림 백8 때 AI는 흑1로 먼저 협공하는 것이 능동적이라 본다. 백2의 두점머리 젖힘도 기분 좋지만, 흑3으로 하변을 단속해서 둘 수 있다. 또 백2에 흑은 a가 틀이지만 발이 늦고, 둔다면 b 젖힘이 AI 특유의 기세이다.

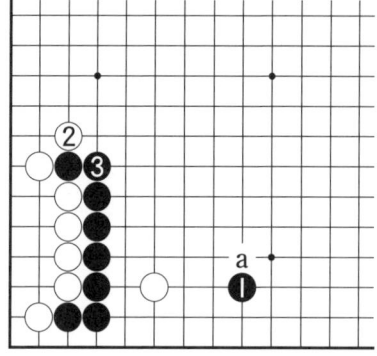

3도(이른 협공 추천)

심지어 1도 백6 때부터 AI는 흑 1의 협공을 추천한다. 백2로 단수친 다음 a로 붙어 싸우면 백이 약간 기분 좋은 정도로 본다.

　백은 좌변 실리가 자랑이지만 귀에 끊는 맛이 있음도 기억한다.

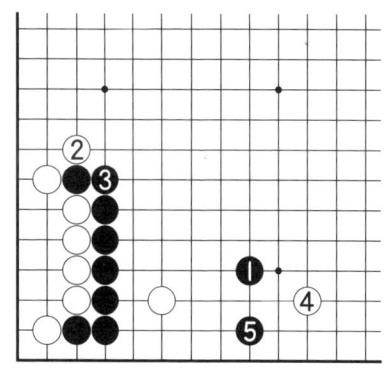

4도(높은 협공의 경우)

흑이 중앙을 중시하면 1로 높게 협공한다. 백2로 단수친 다음 4로 다가서면 흑5로 방어하는 진행이 무난하다.

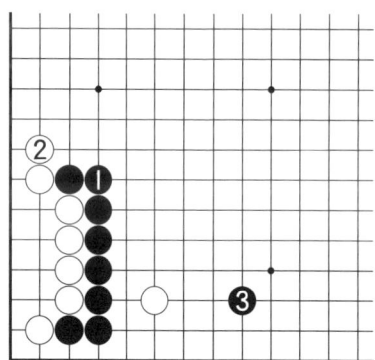

5도(귀에 맛이 없다)

1도 백6 때 흑1로 잇고 백2를 유도한 후 흑3에 협공하는 것도 리듬을 타는 행마이지만, 귀에 맛이 사라져서 흑의 불만이다.

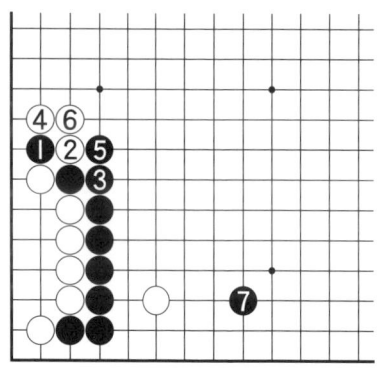

6도(흑의 손실)

흑1의 이단젖힘은 5까지 두터움을 더하면서 귀의 맛도 남기려는 뜻이지만, AI는 한점을 보태준 흑 손실이 크다고 본다.

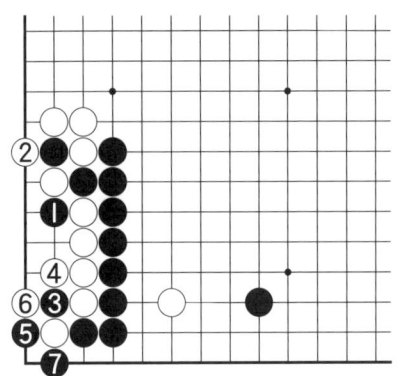

7도(돌려치는 패)

귀의 맛이란 흑1을 활용한 후 3으로 끊는 수단이다.

백4에 흑5, 7이 교묘한 돌려침으로 패가 발생한다. 다만 이 패가 초반에는 대세에 큰 영향을 주지 못한다는 AI의 판단이다.

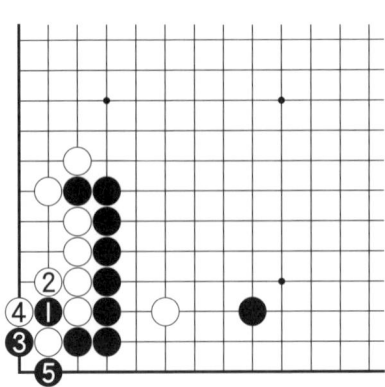

8도(여전히 패가 될 곳)

귀의 패는 3도에서도 여전히 살아있지 않은가. 단순히 흑1로 끊어도 5까지 패가 될 곳이다.

AI가 3도를 추천하고 6도를 흑 불리로 보는 이유이다.

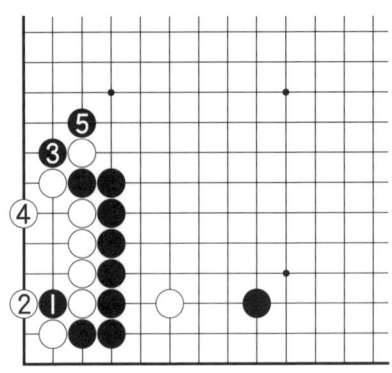

9도(흑의 성공)

흑1에 백2의 일선 단수로 패를 피한다면 흑3, 5로 백 한점이 끊겨 흑의 성공이다.

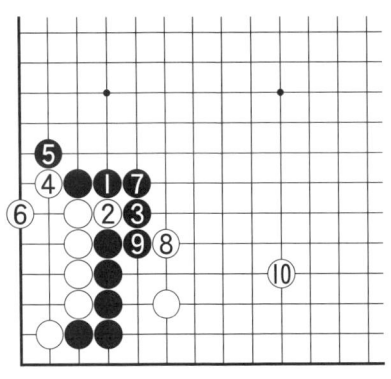

10도(흑, 올라서는 수)

AI는 고정관념이 없다. 1도 백4 때 흑1로 올라서는 것도 유력한데, 백의 변 진출을 막겠다는 뜻이다. 백은 2 이하 6까지 안정하는 것이 우선이며, 흑7로 전체를 이으면 백8, 10으로 벌려 서로 타협된 모습이다.

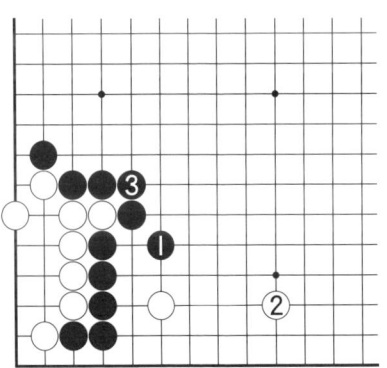

11도(탄력을 주기 위한 호구)

앞 그림 백6 때 흑1의 호구는 모양에 탄력을 주기 위한 능동적 방어이다.

백2로 벌리면 무난한데, 흑3으로 전체를 연결하면 후수이지만 흑도 두터워 충분하다.

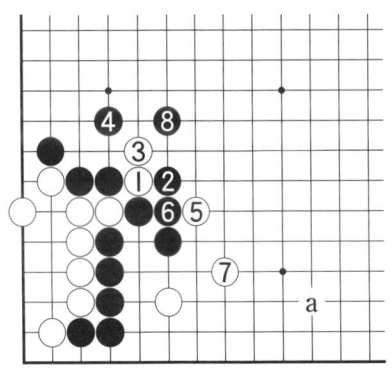

12도(백, 적극적 끊음)

흑 호구에 백1의 끊음은 적극적 태도이다. 흑2, 4는 행마의 리듬이며 백도 5, 7은 유연한 하변 전환이다.

흑8로 두점은 잡히지만 활용하는 맛이 남아서 백이 a 부근에 벌리면 서로 어울린 진행이다.

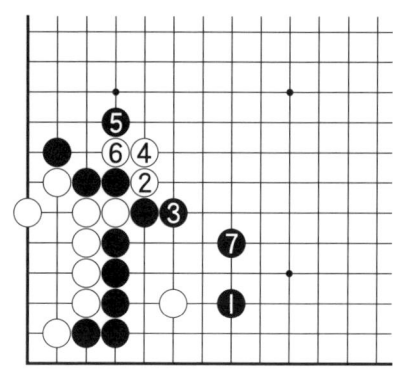

13도(흑, 하변 중시)

10도 백6 때, 흑이 하변을 중시하면 1로 협공부터 시도할 수 있다. 백2로 끊고 나서 6 때 흑이 이을 수는 없고 맛을 남긴 채 7로 하변을 단속하면 충분하다는 것이 AI의 판단이다.

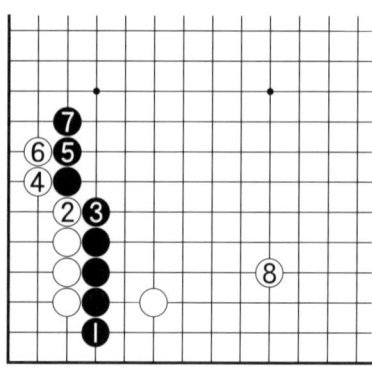

14도(흑, 내려서는 경우)

처음으로 돌아가서, 흑1로 내려서는 수도 유연한 취향이다.

백2, 4에 이번에는 흑5, 7로 늘어가는 것이 무난하다. 이때 백8로 벌리면 백이 양쪽을 두어 기분 좋은 것 같지만 오판이다.

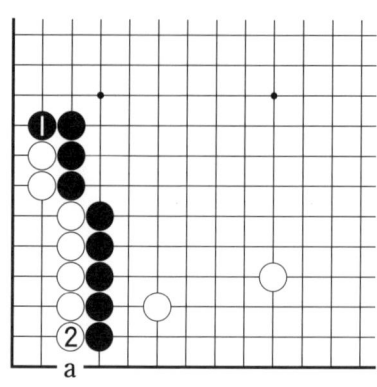

15도(선수 막음)

이다음 흑1로 막으면 귀의 사활상 백2로 보강해야 한다.

흑이 a의 활용까지 남은 만큼 상당히 두터운 모습이다.

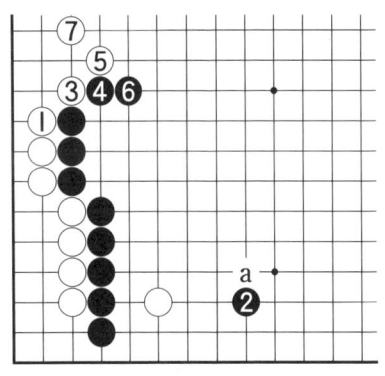

16도(한번 더 미는 것이 우선)

따라서 백1로 한번 더 밀어야 한다. 흑이 따라 늘면 후수이므로 2로 먼저 협공하는 것이 좋고, 백3 젖힘은 요소이지만 급하지 않다. 이하 7까지도 무난하지만, AI 안목에서 백3은 a 붙임이 국면을 주도하는 싸움의 요소로 본다.

17도(높은 협공의 경우)

하변에서 흑이 1로 높게 협공하는 경우에도 백은 a 젖힘보다 2로 다가서는 것이 주도적이며, 흑3으로 방어하면 서로 어울린 진행으로 본다.

18도(흑, 올라서는 수)

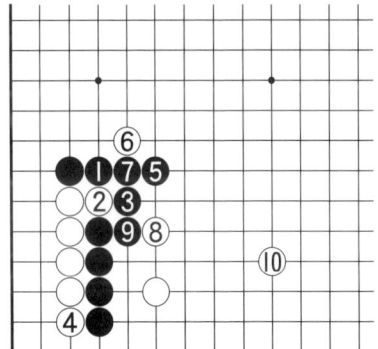

14도 백2 때 흑1로 올라서는 수도 유력하다. 백2, 4로 귀를 지키면 흑도 5로 중앙을 지키는 것이 무난하다. 백6, 8을 활용하면서 10으로 하변을 건설하면 서로 어울린 진행이다.

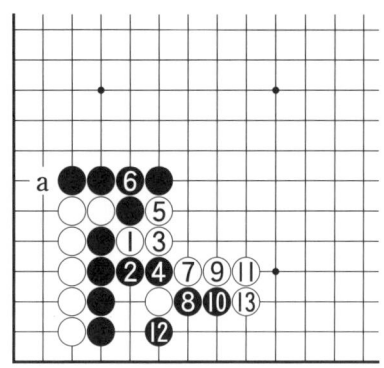

19도(흑의 반격)

앞 그림 흑5 때 백1의 끊음은 좀 섣부르다. 흑은 2, 4로 넉점을 살리면서 반격한다.

이하 13까지 되면 백 모양이 엷고 흑a도 활용되는 만큼 흑이 약간 기분 좋은 흐름이다.

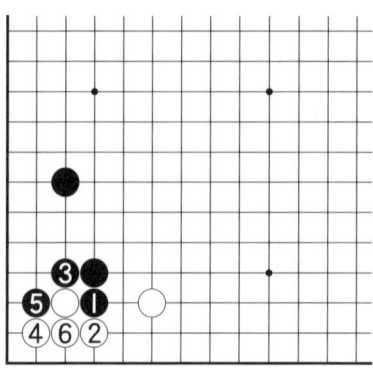

20도(선수를 잡는 선택)

애초 흑1로 차단할 때 백2의 젖힘은 귀에서 간단히 살려는 뜻이 있다.

흑은 선택의 기로에 놓이는데 3, 5로 돌려친 후 선수를 잡고 두는 것이 무난한 대응이다.

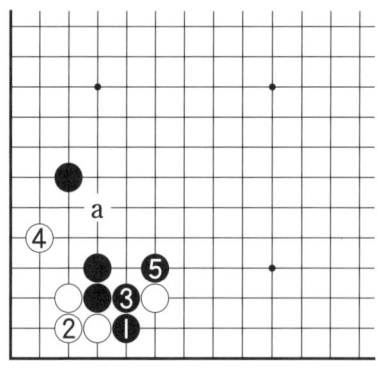

21도(흑, 두터운 선택)

흑1, 3으로 하변을 차단하면 백은 4로 알기 쉽게 살아두려는 뜻이 강하다. 흑이 5로 젖혀 두터운 대신 후수이다. 백은 나중에 a로 가르는 맛을 노릴 것이다.

AI는 앞 그림을 권장한다.

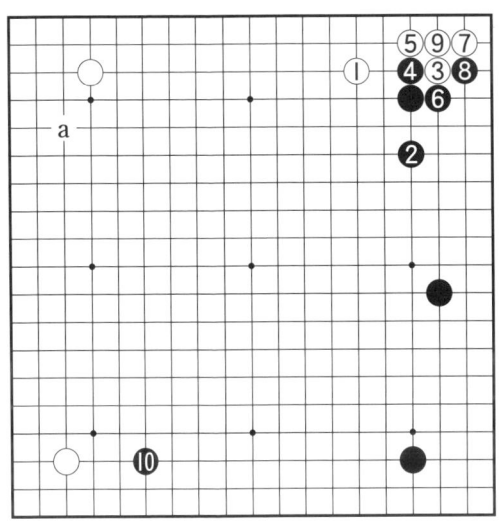

실전 1

한때 유행했던 중국식 포석에서 백1, 3의 3三 침입일 때 흑이 9까지 처리하면 간명하다.

실리는 허용해도 흑이 선수를 잡기 위함인데 10으로 향하며 발 빠른 포석을 구사했다. AI는 흑10으로 a의 소목 걸침을 우선으로 본다.

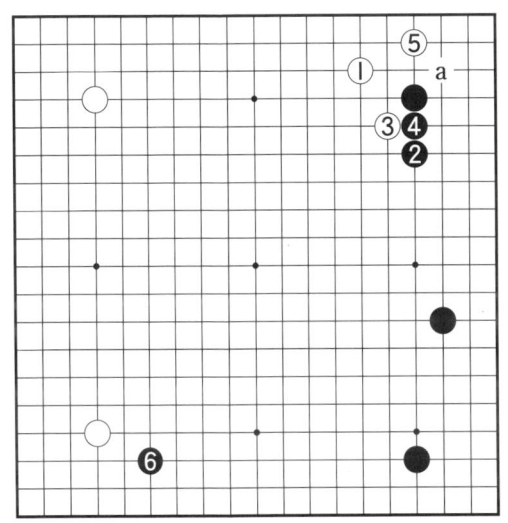

실전 2

변형 중국식에서 백1로 걸치고 3으로 들여다봤다. 흑4의 이음이면 백의 활용이라는 뜻인데 흑도 간명을 위한 견실한 선택이다. 이런 경우 백5에 흑은 a로 받지 않고 손을 빼는 것이 효율적 발상인데, 하변 6의 걸침으로 향했다.

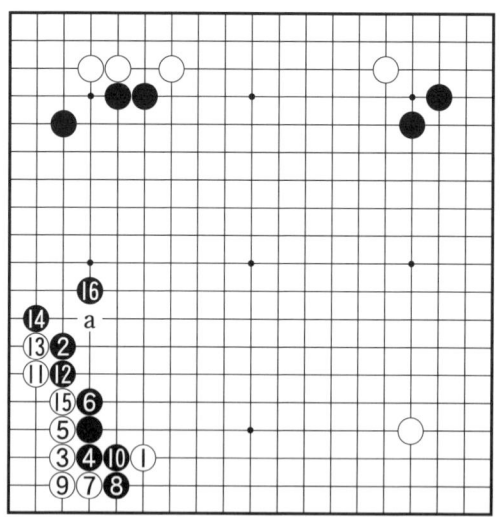

실전 3

지금처럼 좌변 흑이 강한 포석에서는 백1 걸침에 흑2의 눈목자 수비도 좋은 선택이다.

백3에 침입한 후 15 때 흑16의 날일자는 AI가 가르쳐준 능동적 지킴인데, 이 배치에서는 a의 호구 지킴을 일순위로 진단한다.

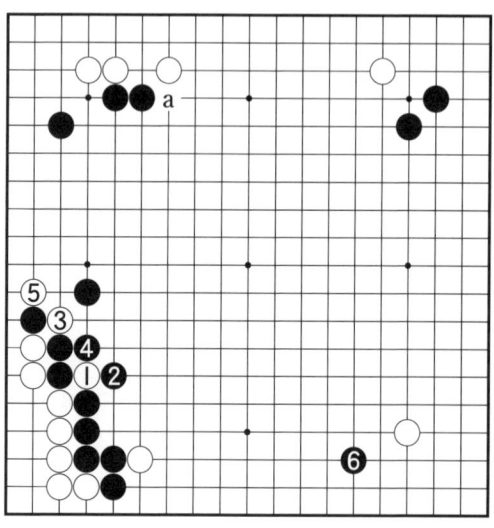

참고도(백, 소탐대실)

좌변 흑 모양이 허술해 보인다고, 백1로 끊으면 흑2로 몰아 백이 곤란하다. 내친김에 백3, 5로 한점을 잡으면 소탐대실이며 더욱 불리하다. 흑6으로 걸치면 진영이 넓은 흑의 만족이다. 백1은 a 자리가 대세의 요점이다.

2부

진화된
붙임 정석

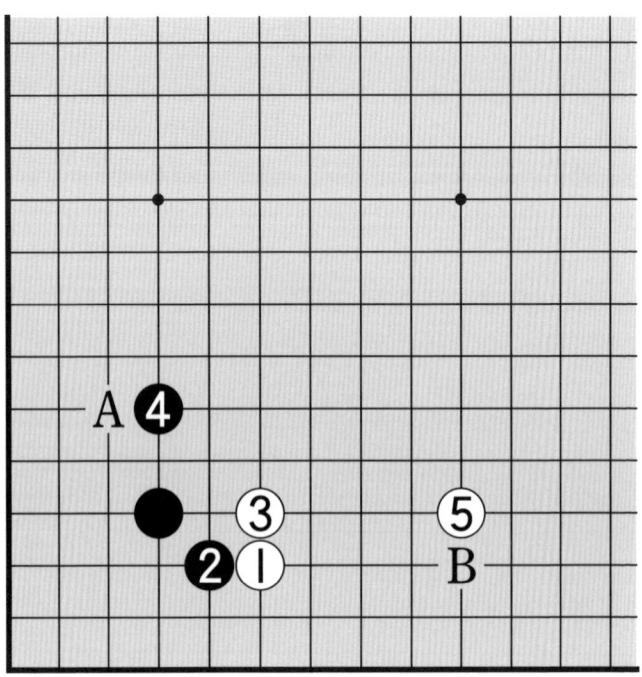

　　백1 날일자걸침에 흑2의 마늘모붙임은 통상 하수의 수법이었다. AI시대에는 귀의 가치가 높아지면서 즐겨 사용하는데 백도 3에 올라서는 자세가 힘차서 불만은 없다. 이다음 흑이 4(또는 A)로 받고 백이 5(또는 B)로 세칸 벌리는 것은 상식이다. 이후 흑이 하변 벌림에 침입하면 어떤 변화가 일어나는지 알아본다.

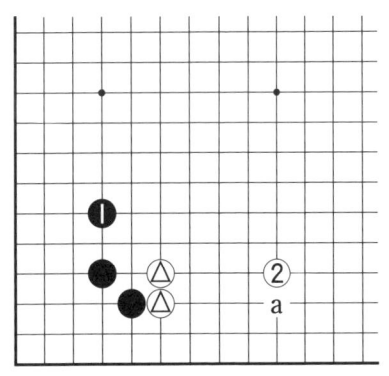

1도(기본 정석)

백△로 올라선 형태에서는 중앙을 중시하는 흑1의 한칸받음을 많이 둔다. 백도 2의 세칸높은벌림이 이에 맞서는 변의 대응이다.

상황에 따라 a로 낮게 벌릴 수도 있지만 어쨌든 이 모양이 AI 시대의 기본 정석이다.

2도(응수타진)

이후 흑1의 침입은 예전에 많이 두던 응수타진이다.

백2로 봉쇄해도 흑3, 5로 젖혀이어 선수로 귀를 지키면 충분히 활용했다는 생각인데 백도 6으로 이으면 하변이 두터워 불만 없다.

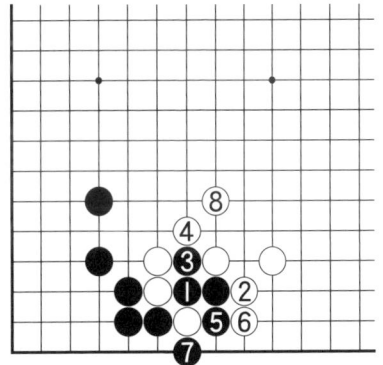

3도(손을 빼고 정비)

흑이 귀를 젖혀 이을 때 백이 손을 빼는 경우도 많다. 이후 흑1로 끊으면 백2로 막은 후 8까지 실리 손실은 있더라도 바깥을 두텁게 정비할 수 있다.

어쨌든 백은 선택권이 있으므로 흑의 침입이 큰 효과는 없다.

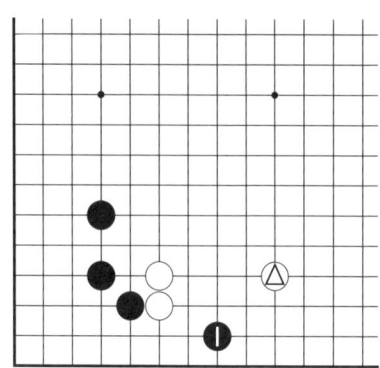

4도(진화된 2선 저공 침입)

백△로 높게 벌린 모양에서는 흑 1의 이선 저공 침입이 진화된 도 발이다.

　이후 AI는 여러 실용적인 변 화를 보여준다.

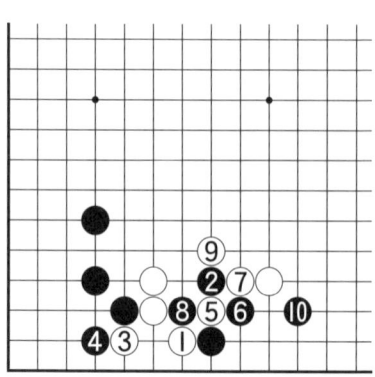

5도(귀와 차단하는 경우)

우선 백1로 귀와 차단하는 경우 흑2에 백3, 5로 끼워서 정비하면 흑도 10까지 변으로 진출하는 흐 름이 필연이다.

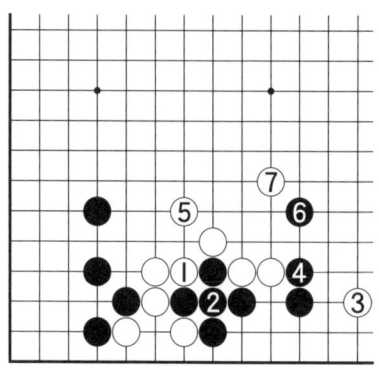

6도(흑이 힘을 내는 흐름)

이다음 백1, 3으로 공격하며 7까 지 중앙도 정비할 수 있지만, 흑 도 힘을 내며 타개하는 자세가 좋아 AI는 흑 만족이라고 본다.

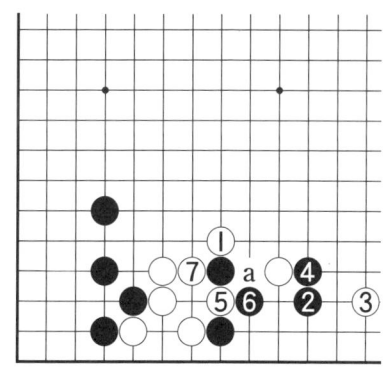

7도(탄력적 행마)

5도 흑2 때 AI는 단순히 백1로 차단하고 흑2로 진출하면 백3으로 공격하는 것이 낫다고 본다.

흑4에는 백5, 7의 패로 버티며 흑a의 굴복을 유도하는 것이 탄력적 행마인데, 서로 어울린 싸움으로 본다.

8도(흑의 의도)

흑▲의 침입에 위쪽 백1의 붙임은 두터운 방어 수단이다.

흑2에 백3으로 받고 흑이 8까지 귀에 넘어가면 흑의 의도대로 실리가 크다.

9도(백의 버팀)

앞 그림 흑4 때 백은 1로 차단해서 버틸 수도 있다.

이때 흑2, 4로 단순히 나가면 모양이 엷어 백5의 공격을 받을 수 있고, 당장 우열을 가릴 수 없는 싸움이다.

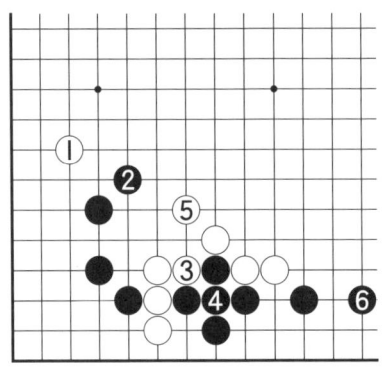

10도(효율적인 착상)

앞 그림 흑4 때, 좌변에서 백1로 걸쳐서 흑2를 유도한 후 백3, 5로 단점을 지키면 흑6으로 보강하는 진행도 AI가 보여주는 효율적인 착상 중의 하나이다.

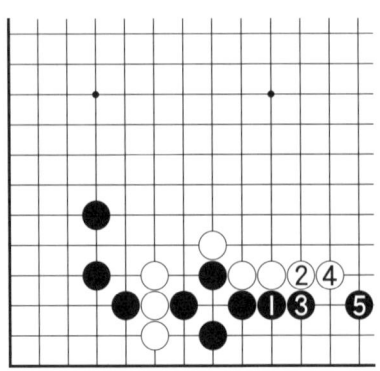

11도(흑, 안정된 자세)

9도 백3 때 흑1, 3으로 밀고 5로 진출하면 AI 안목에서 흑이 안정된 자세로 편한 진행이다.

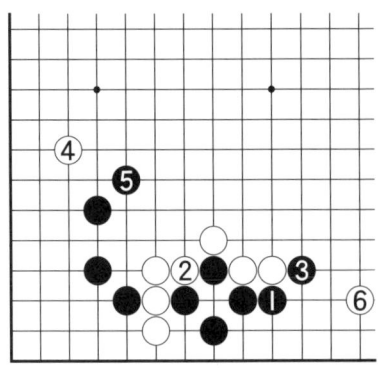

12도(백, 실전적 방안)

흑1에 백도 2로 지킨 후 흑3이 아프지만 백4, 6으로 양쪽을 주도하는 것이 실전적 방안이다.

AI는 흑이 약간 기분 좋은 정도로 본다.

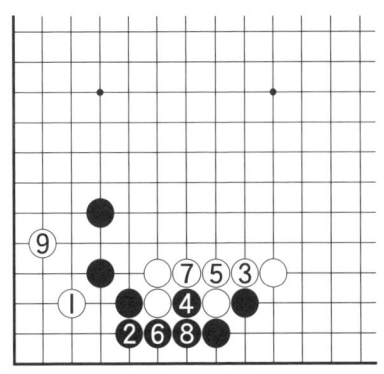

13도(백, 3三침입)

8도 흑2 때 백1의 3三침입이 AI
가 보여주는 변화 중의 상책이다.
이때 흑2로 차단하고 이하 8까지
연결하면, 백9로 움직여 귀가 파
괴되므로 백의 대성공이다.

8도와 비교하면 그 차이를 알
수 있다.

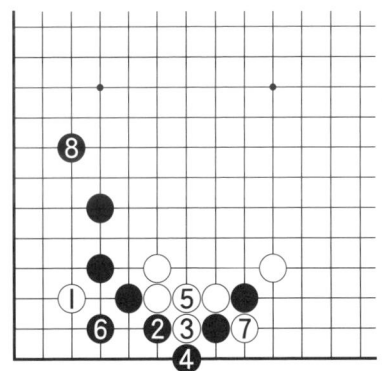

14도(백, 만족)

백1에 흑2로 넘으면서 차단하면
백3, 5로 끼워 잇는다.

흑은 6, 8로 재차 지켜야 귀를
보호할 수 있는데, 백은 하변을
두텁게 정비하고도 선수이니 만
족이다.

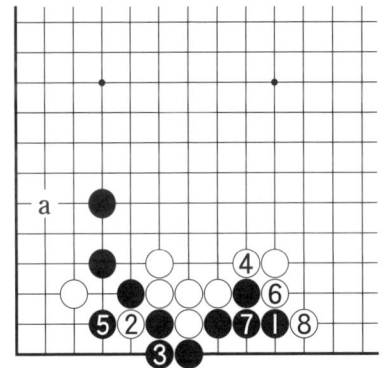

15도(백, 두텁게 정비)

앞 그림 백5 때 흑1로 하변을 움
직여도 나을 것이 없다.

백2의 단수 다음 8까지 두텁게
정비하는 리듬이 좋다. 여전히 a
의 맛이 남은 백의 만족이다.

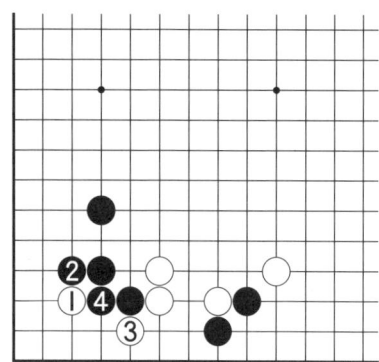

16도(현명한 타협)

백1에 흑도 2로 막고 나서 백3에 흑4로 일단 물러서는 것이 현명한 타협이다.

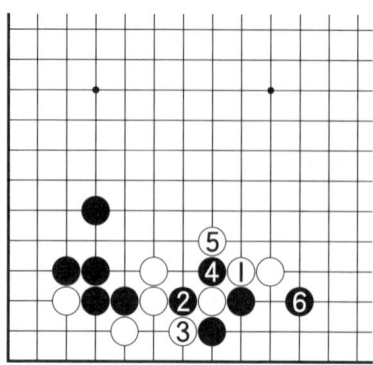

17도(흑, 활발)

이다음 백이 1로 막으면 흑은 6까지 변으로 진출해서, AI 판단으로는 귀에도 큰 약점이 없는 흑이 활발한 흐름이다.

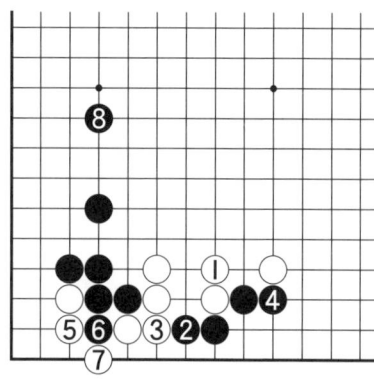

18도(확실한 방어책)

16도 흑4 때, AI는 백1이 단순하지만 확실한 방어책으로 본다.

흑2, 4로 나갈 때 백5, 7로 귀를 확보하고 흑8로 좌변을 지키면 서로 어울린 진행이다.

앞으로 백이 하변 흑을 어떻게 압박하느냐가 당면 과제이다.

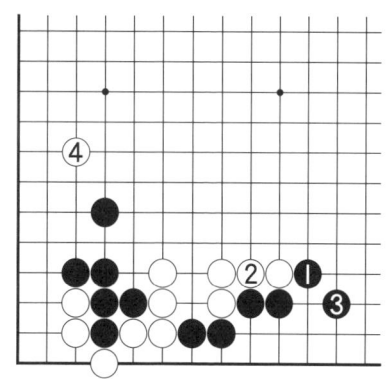

19도(흑, 하변 중시)

앞 그림 백7 때 흑1, 3으로 하변을 중시하면, 백도 4의 접근이 좌변 흑을 위협하는 좋은 자리이다.

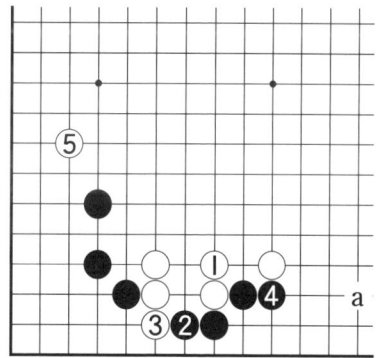

20도(백1, 간명한 수비)

8도 흑2 때 처음부터 백1도 간명한 수비이다. 이때 흑2, 4로 나가는 것은 약간 무거운 행마로, 백은 좌변 5로 접근하거나 하변 a쯤에서 압박해서 충분하다.

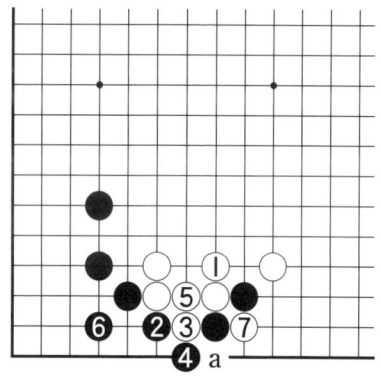

21도(서로 정비)

백1에는 흑2로 건너는 것이 보통이다. 백은 손을 빼든가, 둔다면 3으로 끼운 후 7까지 정리한다.

흑도 자연스럽게 귀가 정비되어 충분한데, a로 잇지 않는 것이 중요하다.

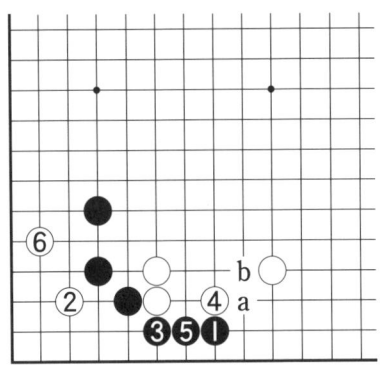

22도(맞불작전)

흑1에 즉각 백2로 같이 침입해서 맞불을 놓는 작전도 가능하다.

흑3에 넘으면 백은 4로 흑5를 유도해서 임시조치한 후 백6으로 귀를 살리면 충분한 진행이다. 이후 흑a는 백b로 막아 견딜 수 있다는 계산이다.

23도(백의 저항)

앞 그림 백2 때 흑1로 젖히면 백2로 끼우며 저항한다.

흑3, 5로 돌파해도 백6 이하 10까지 귀를 선수로 도려내면 중앙이 봉쇄돼도 백이 기분 좋은 결말이다.

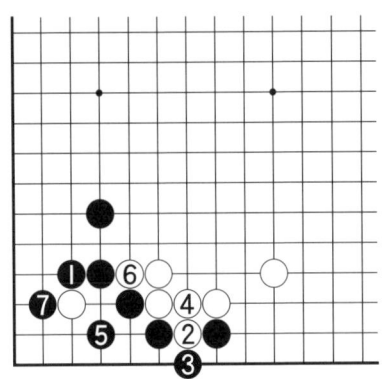

24도(무난한 타협)

22도 백4 때 흑1로 귀를 지키면 무난하다.

백도 6까지 변을 두텁게 정비한 후 손을 돌리면 서로 타협된 모습이다.

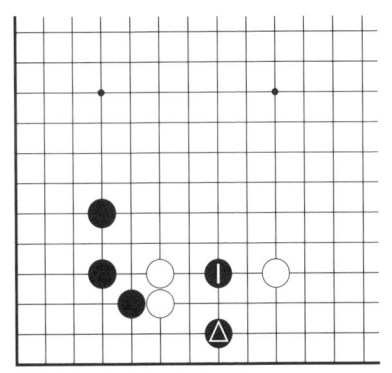

25도(손을 빼는 경우)

되돌아가서, 흑▲의 침입 때 백이 손을 빼는 경우도 많은데 손빼기에 능한 AI의 영향이다.

그러면 흑은 1로 가르며 대가를 찾는 진행이 보편적이다.

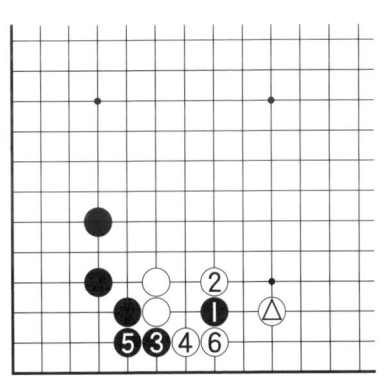

26도(낮은 벌림에서 침입)

백△로 낮게 벌릴 경우 흑1의 침입도 응수타진 성격이 짙다.

백2로 봉쇄하면 흑3, 5의 젖혀 이음을 활용해서 귀의 집을 선수로 지키겠다는 뜻인데, 백도 6까지 하변이 정비되어 충분하다.

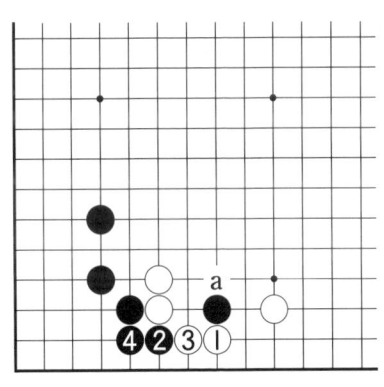

27도(백, 2선 붙임)

낮은 벌림일 때는 백1의 2선 붙임도 묘미가 있지만 AI가 권장하지 않는다. 이때 흑2, 4로 활용하면 백이 a로 지키지 않고 손을 빼도 좋다. AI는 선택권을 허용한 흑의 불만으로 본다.

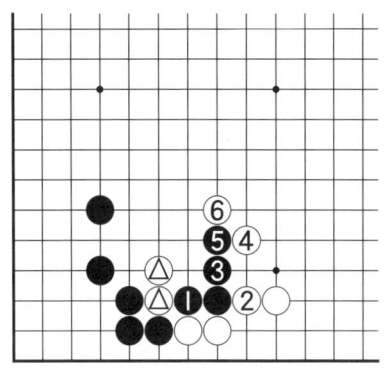

28도(사석작전)

이후 흑1로 끊으면 백이 굳이 싸우지 않더라도 2 이하 6으로 △ 두점을 버리면 된다.

이처럼 사석작전으로 조성된 중앙 두터움을 백이 최대한 활용하면서 두면 크게 앞선다.

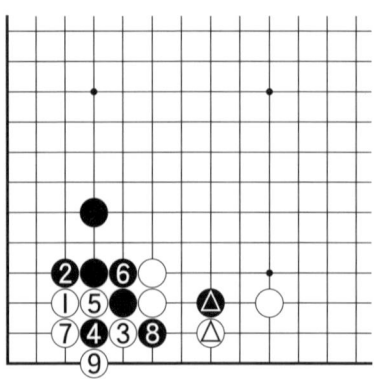

29도(불편한 침입)

백△에 흑도 손을 빼는 것이 좋은데, 백은 1로 3三에 침입하기가 아주 불편하다. 이 형태에서는 흑2로 물러서고 백3에 흑4로 막을 수 있다. 이하 9까지 되고 나서 ●와 △의 교환 때문에 백의 하변 모양이 허물어진다.

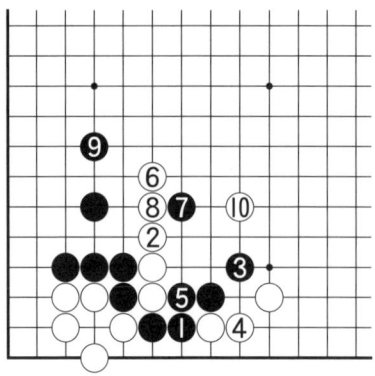

30도(험난한 흐름)

이다음 흑1로 살리는 것은 좋은 선택이 아니다.

백은 2로 올라선 후 10까지 AI가 추천하는 변화인데, 서로 예측하기 어려운 험난한 흐름이다.

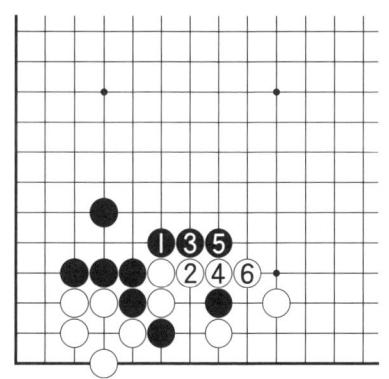

31도(흑, 두터움)

29도 다음 흑1의 젖힘이 요소이다. 백2로 나가면 흑3, 5로 활용해놓기만 해도, AI는 중앙이 두터운 흑의 만족으로 본다.

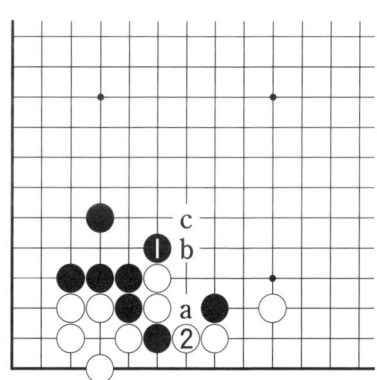

32도(여전히 흑 만족)

흑1에 백2로 참아도 흑a의 활용이 남아 여전히 흑의 만족이다.

흑이 손을 빼는 경우 백b에는 흑이 c의 이단젖힘으로 대응해서 좋다.

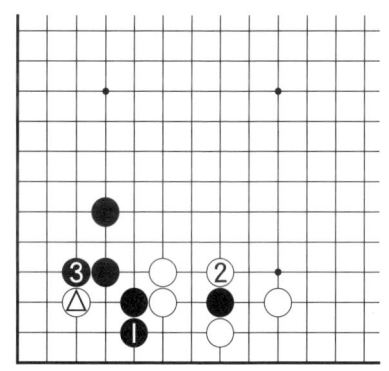

33도(흑이 귀를 중시하는 경우)

백△의 침입에 흑이 귀를 중시하면 1로 차단해도 된다.

백도 하변 2의 지킴이 우선인데, 흑이 3으로 귀를 보강하면 충분하다.

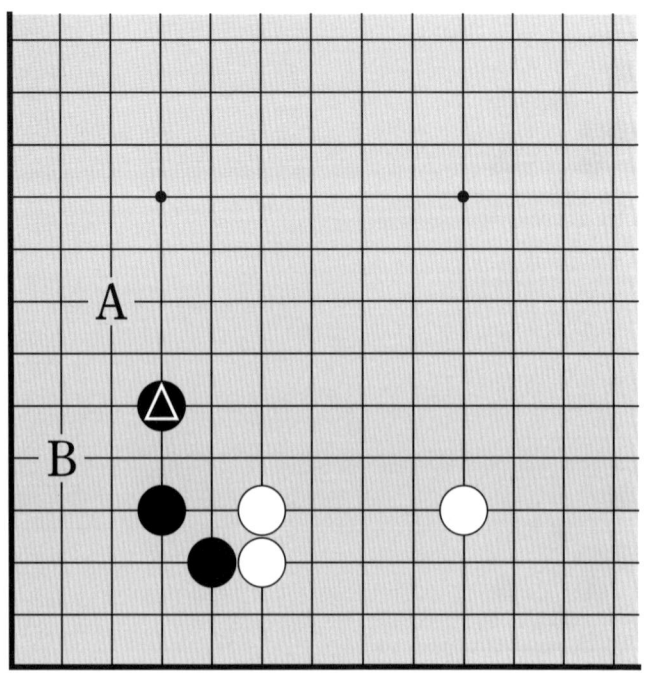

이 장면은 화점에서의 기본 정석인데 흑▲의 한칸일 경우는 중앙을 향한 힘은 강한 대신 변에서의 방어력은 제한적이다.

백이 그런 취약점을 노릴 경우 A의 다가섬과 B의 저공 침입이 대표적이다. 이번 형에서는 백이 A로 다가선 이후의 변화에 대해 알아본다.

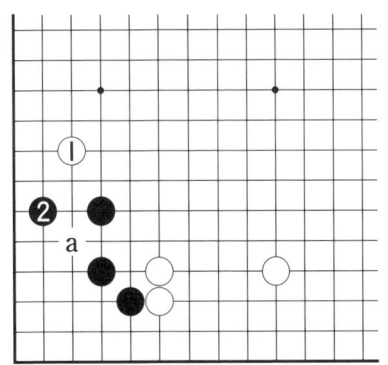

1도(단점 노출)

백1로 다가설 때 흑2의 한칸으로 수비하는 것은 a의 단점이 노출되어 바람직하지 않다.

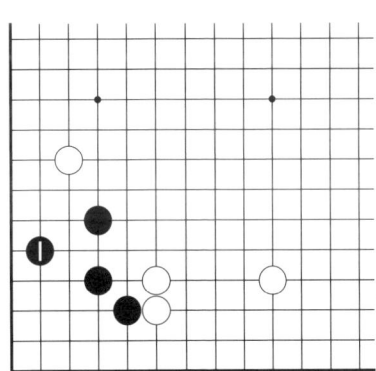

2도(위축된 행마)

흑1의 지킴이 앞 그림에 비해 안정적으로 보이지만 위축된 행마이다. AI 안목에서는 앞 그림보다 못하다.

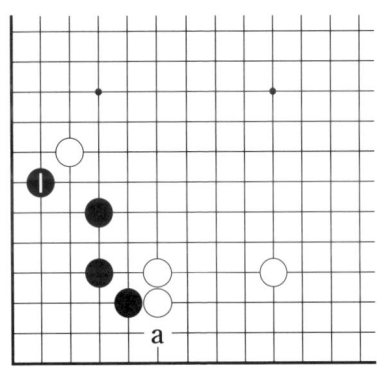

3도(처진 날일자 지킴)

자체로는 흑1의 처진 날일자가 귀를 최대한 지키는 행마이다.

나중 a의 젖힘까지 가세하면 큰집이 완성된다. 다만 백도 안에서 사는 수단이 있다.

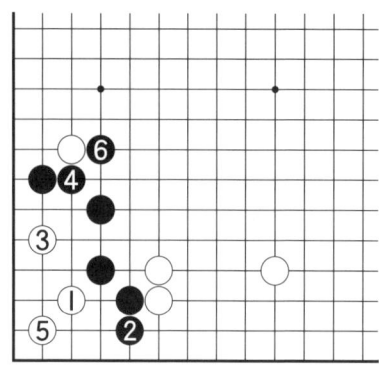

4도(사는 시기가 중요)

백1로 3三에 침입한 후 3, 5로 안형을 갖추면 사는 모양이다.

다만 흑도 6으로 젖히면 두텁고 하변 백도 엷으므로 사는 시기가 중요하다.

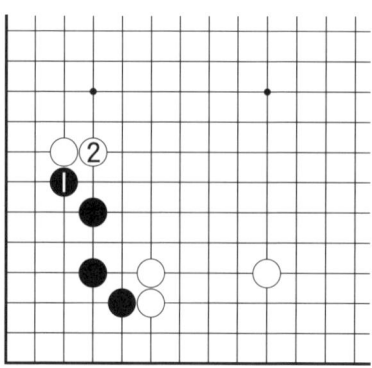

5도(발 빠른 구상)

흑1로 붙여 백2를 유도한 다음 손을 빼는 것도 AI가 알려주는 발 빠른 구상이다.

흑의 진영은 허술해 보이지만 백의 침입에 맞춰 흑이 대응하면 큰 문제가 없다는 뜻이다.

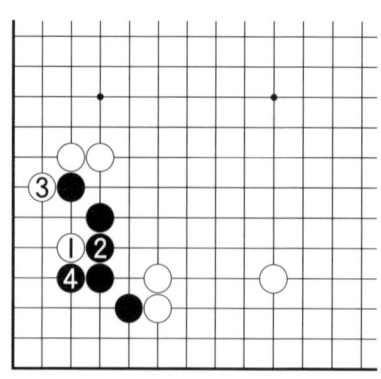

6도(백, 변쪽 침입)

가령 백1로 변쪽에서 침입하면 흑은 2로 이은 다음 백3에 흑4로 귀를 지키며 대처할 수 있다.

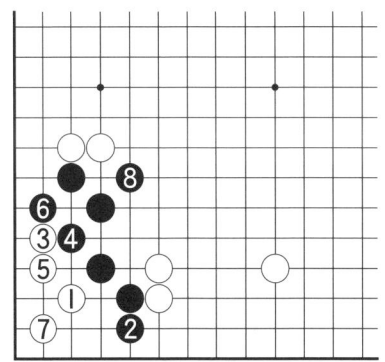

7도(귀쪽 침입)

백1로 귀에 침입할 때는 흑2로 차단한 후 8까지 AI가 제시하는 두터운 대처 방안이다.

백이 귀에서 살았지만 양쪽 변의 모양이 엷어져서 흑이 약간 활발하다.

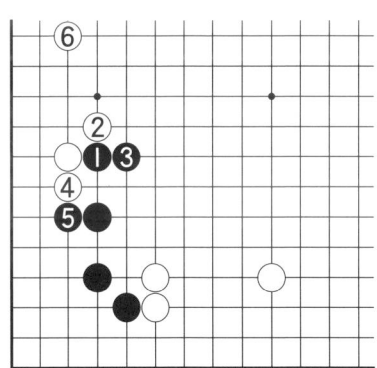

8도(간명)

여기는 흑1, 3으로 붙여 뻗는 것이 가장 알기 쉬운 대응이다.

백도 4, 6으로 벌리면 서로 귀와 변을 지켜 간명하다.

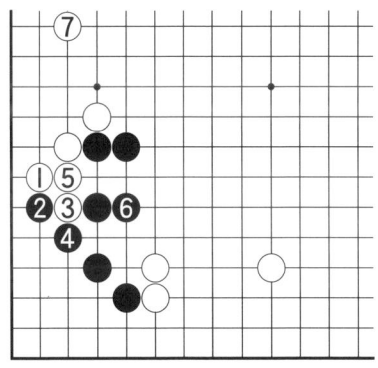

9도(마늘모로 들어올 때)

앞 그림 흑3 때 백1 마늘모로 들어오면 흑2로 막은 후 7까지 무난한 진행이다.

수순 중 백이 끼워 이을 때 흑6의 쌍립은 안전한 수비 행마로 기억해둔다.

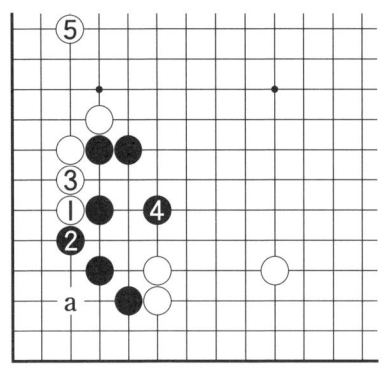

10도(효율적 수비)

8도 흑3 때 백1로 붙이면 귀에 더욱 파고들지만 약점도 있다.

기왕 흑이 물러선다면 a의 약점도 대비할 겸 2, 4의 수비가 효율적이며, 백도 5로 벌리면 간명하다.

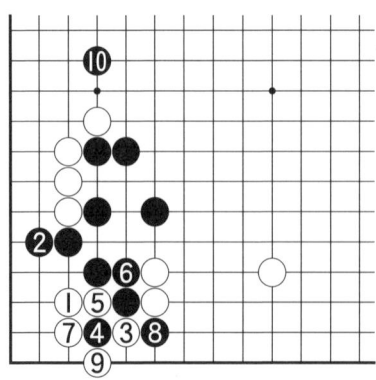

11도(백의 침투)

앞 그림 흑4 때 백1의 침투가 노림인데, 흑2로 차단하고 백3에 넘어갈 때 흑4 이하 8까지 활용한 후 10으로 협공하는 흐름이 자연스럽다.

백이 중앙 싸움에 자신 있다면 이렇게 둘 수 있다.

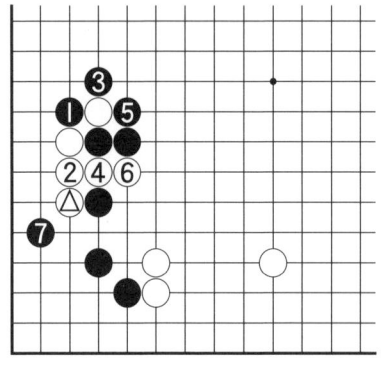

12도(흑, 만족)

백△로 붙일 때 흑은 축이 유리하면 1로 끊고 백2에 이으면 흑3으로 변의 한점을 잡을 수 있다.

백4로 약점을 뚫고나오면 흑5로 확실하게 빵따냄한다. 백6으로 관통해도 흑7로 귀를 지키면 흑의 만족이다.

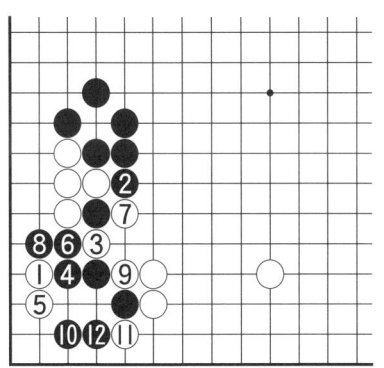

13도(백이 귀로 들어올 때)

앞 그림 흑5 때 백1로 귀에 들어
오면 흑2로 중앙을 막은 후 12까
지 AI가 제시하는 변화이다.

백도 모양을 단단히 정비했지
만, 교묘하게 귀를 방어한 흑이
기분 좋은 진행으로 본다.

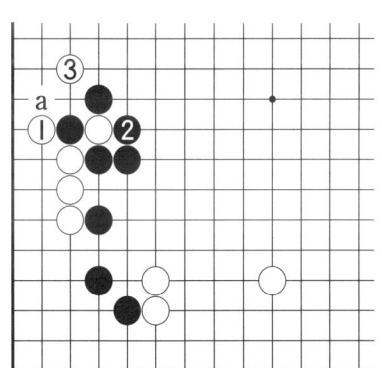

14도(백, 변에 진출)

12도 흑3 때 백1, 3으로 변에 진
출하는 방안도 생각할 수 있다.

흑도 a의 단점을 잘 활용하면
충분하다.

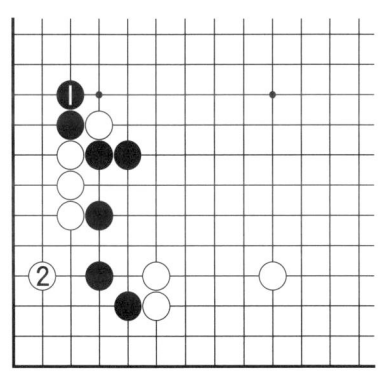

15도(흑, 축이 불리한 경우)

좌변 축이 불리해서 흑1로 늘면
백도 2로 귀에 달려서 불리하지
않은 진행이다.

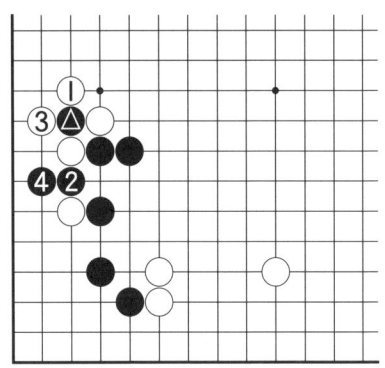

16도(백, 단수)

흑▲로 끊을 때, 백은 축이 불리
하면 1의 단수도 생각할 수 있다.

이때 흑2, 4로 처리하면 귀의
실리가 견실하지만, 백도 빵따냄
이 두터워서 충분하다.

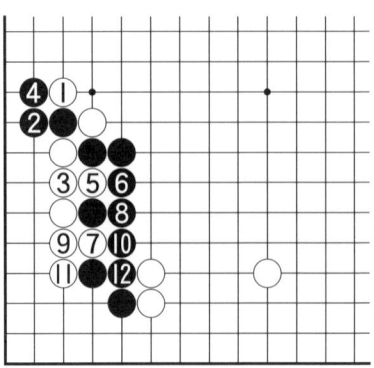

17도(두터운 외벽 허용)

백1 단수에는 흑2로 나가고 백3
에 흑4로 꼬부리는 것이 주도적
행마이다.

다음 백이 5 이하 12까지 선수
로 적진을 파헤칠 수 있지만, 이
진행은 백이 너무 두터운 외벽을
허용한다.

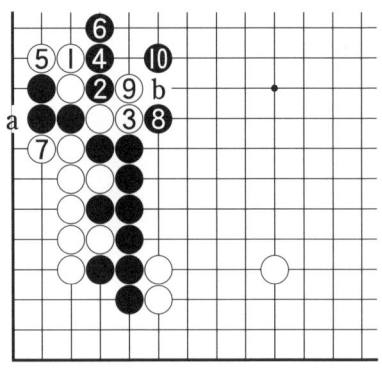

18도(흑, 월등한 세력)

이다음 좌변 백1로 늘면, 흑은 축
이 불리해도 2 이하 10까지 장문
으로 봉쇄해 백 실리보다 흑 세
력이 월등하다. 백a면 석점을 잡
지만 흑은 b를 활용한 후 손을
돌려 우세한 진행이다.

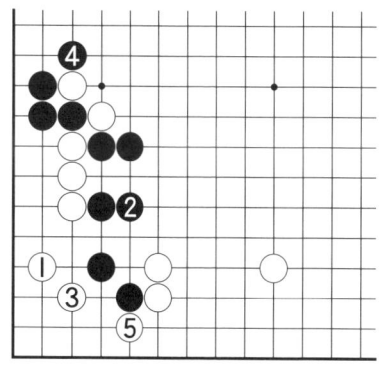

19도(현명한 진행)

17도 흑4 때 백도 1로 달려 얌전히 근거를 마련하는 것이 현명하다. 흑도 2로 지키면 무난하며, 이하 5까지 실리는 허용해도 중앙이 두터워 불만 없다.

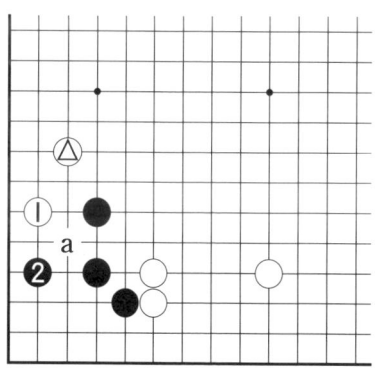

20도(한칸 수비)

처음으로 돌아가서, 백이 △로 다가선 후 여기를 또 둔다면 1의 날일자달림이 무난하지만 강렬한 맛은 없다.

흑2의 한칸 행마는 a의 약점에도 AI가 추천하는 수비 방법이다. (원포인트 레슨 참조)

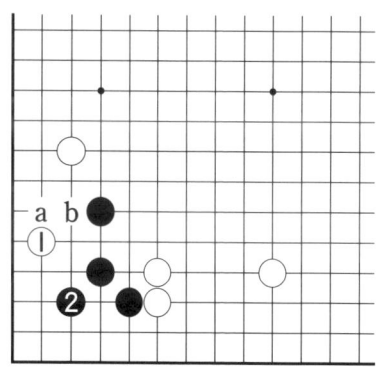

21도(귀의 공략법)

여기는 백1의 눈목자로 파고드는 수가 효과적인 귀의 공략법이다.

흑2로 지키는 것이 무난한데, 백은 활용 자체로 만족하고 손을 뺄 수 있다. 이후 흑a로 차단하면 백b의 끼움이 교묘한 맥으로 최대한 흑진을 교란할 수 있다.

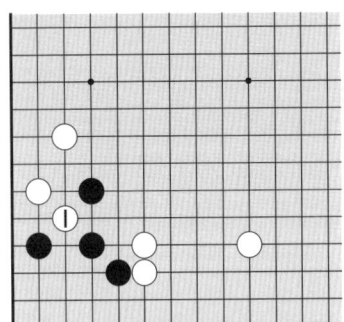

▦ 장면

이 장면에서, 백1로 약점을 파고들면 흑은 어떻게 대응해야 하는지 생각해보자.

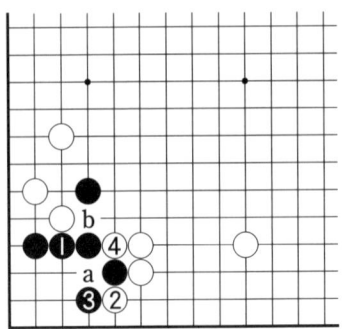

1도(흑, 불리)

흑1로 귀에서 받으면 백2, 4로 귀를 공략하면서 a와 b를 맞보기로 한다.

흑이 불리한 결과이다.

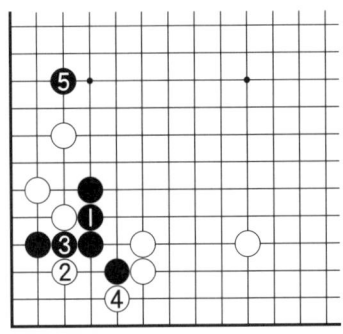

2도(흑, 활발)

흑1로 중앙을 연결하는 것이 올바르다.

백2, 4로 귀를 건널 수 있지만, 흑5로 협공하면 좌변 백이 쫓겨 흑이 활발한 흐름이다.

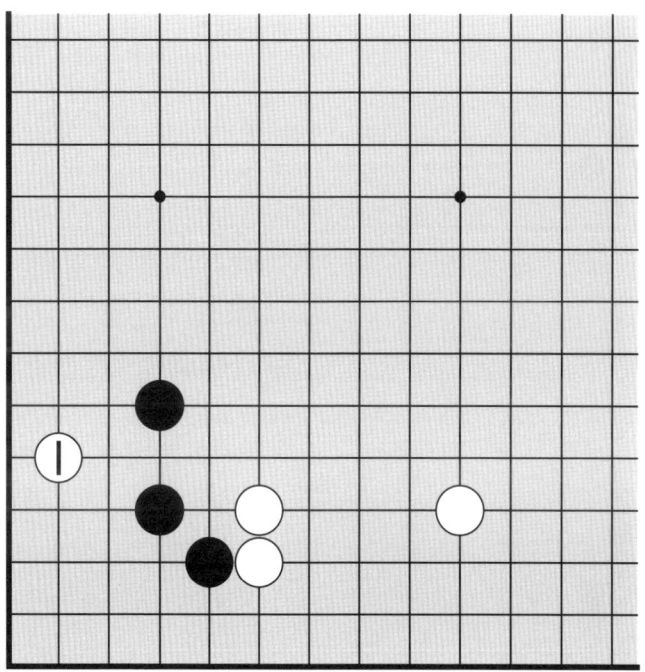

백이 변에서 다가서는 것이 온건한 사고였다면 백1의 저공 2선 침투는 당장 귀를 엿보는 공격적 착상이다.

치열하다고 모두 좋은 것이 아니지만 적절한 시기라면 매우 위협적인데, 이후의 변화에 대해 알아본다.

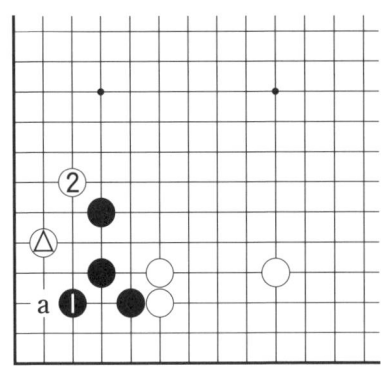

1도(흑, 당함)

백△의 침투에 흑1이나 a로 받는 것은 너무 귀의 지킴을 의식한 태도이다.

백2로 변에 진출하면 부분적으로 흑이 약간 당한 결과이다.

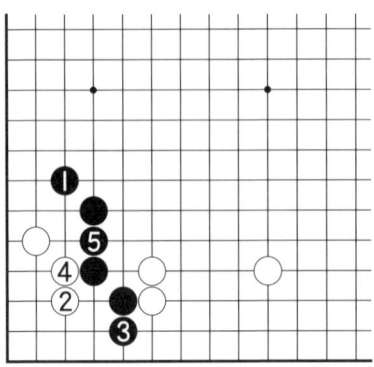

2도(백, 선수 완생)

일단 흑1로 변에서 차단하고 싶다. 백2로 귀에 들어갈 때 흑3으로 차단하면 백은 4를 선수해서 거의 살았으므로 손을 빼도 충분하다. 앞으로 흑은 두터움을 어떻게 활용하느냐가 관건이다.

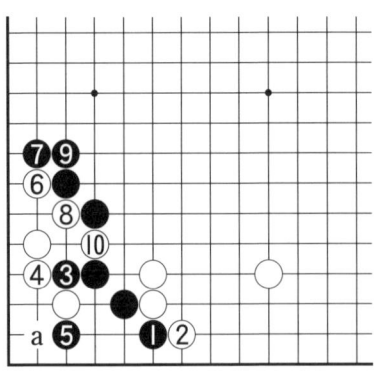

3도(백의 반격)

앞 그림 백2 때 흑1의 젖힘은 고심한 수단이다. 백2로 받아주면 흑3, 5로 붙이겠다는 뜻인데, 백이 a로 젖혀 살면 궁색하다.

여기는 백6, 8 다음 10으로 끼우는 반격이 일단 교묘하다.

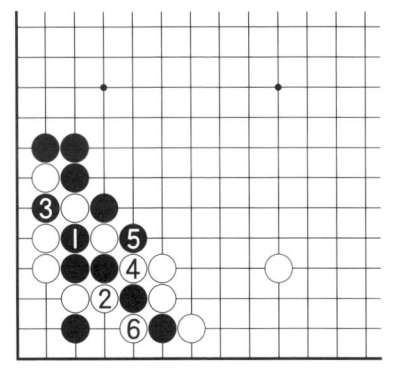

4도(바꿔치기)

이다음 흑1 양단수에 백은 2 이하 6까지 바꿔치기하며 귀를 제압한다.

　AI 안목에서 이 진행은 흑도 좌변 일대가 두터워 충분하다.

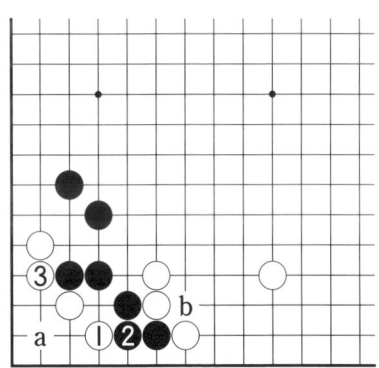

5도(백의 약점)

3도 흑3 때 백1로 들여다본 후 3에 연결하는 방법도 있다.

　앞 그림과 같은 흑의 두터움을 주지 않기 위함인데, 흑도 a와 b의 약점을 연동해서 이용하면 충분하다.

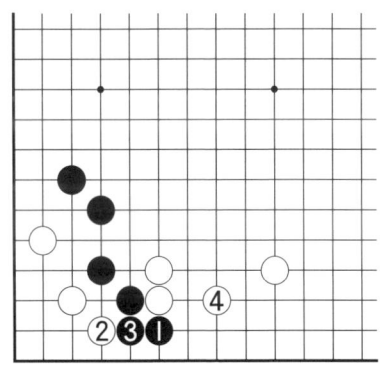

6도(무난한 타협)

흑1 젖힐 때 백도 2로 들여다본 후 4로 변을 지키는 것이 무난한 대처이다.

　백은 귀를 간명하게 살렸고 변도 안정적으로 지켜져 있다. 서로 타협된 결과이다.

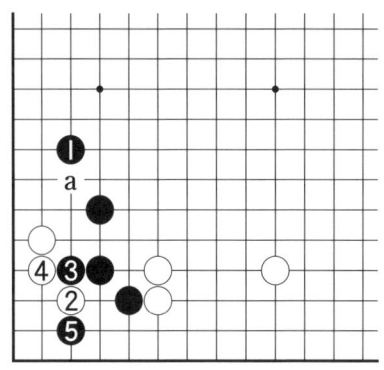

7도(유연한 발상)

처음으로 돌아가서, 흑1로 넓게 포위하는 것은 AI가 제시하는 유연한 발상이다.

백2로 귀에 들어오고 나서 흑3에 백4로 받으면 흑5로 붙일 때 a보다 1의 위치가 좋다는 생각이다. 이 진행은 백이 궁색하다.

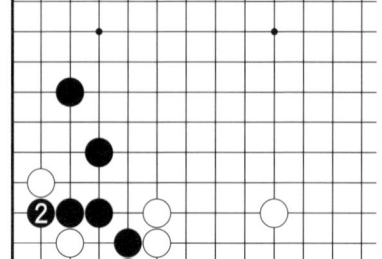

8도(적절한 타협)

앞 그림 흑3 때 백1로 넘고 흑2로 관통하는 것이 자연스런 흐름이며 적절한 타협의 길이다.

9도(백, 불만)

흑이 앞 그림을 피하고 싶다면, 흑1로 젖힌 후 3에 둘 수도 있다.

백4로 귀에 들어올 때 흑5, 7로 압박하는 흐름이면 7도와 비슷하므로 백의 불만이다.

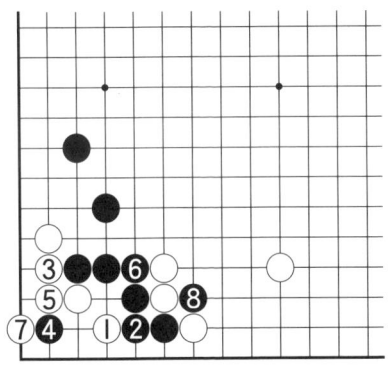

10도(활용 후 끊는 맛)

앞 그림 흑5 때 백1을 선수한 후 3으로 막으면 5도와 비슷한 흐름이 된다. 흑은 4, 6을 활용한 후 8로 끊는 맛이 있어 충분하다.

이후 백도 여기서 손을 빼는 것이 대세에 이롭다.

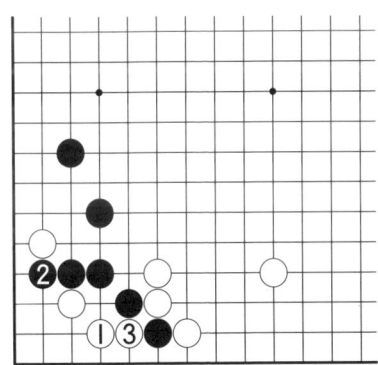

11도(흑, 선수 관통)

백1에 흑2 관통도 일책이다. 백3을 허용하지만, 8도에 비해 선수라는 이점이 자랑이다.

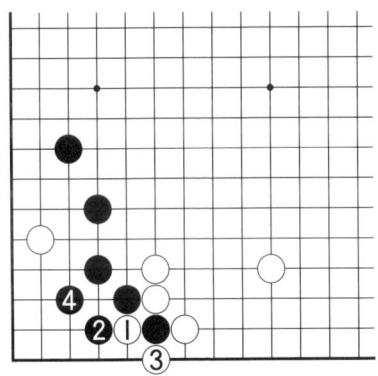

12도(백, 간명한 방법)

9도 흑3 때 백1, 3으로 한점을 잡고 흑4로 지키면 서로 무난한데, 흑도 침투한 백 한점을 넓게 포획하여 불만 없다.

이 진행은 백이 선수를 잡기 위한 간명한 방법이다.

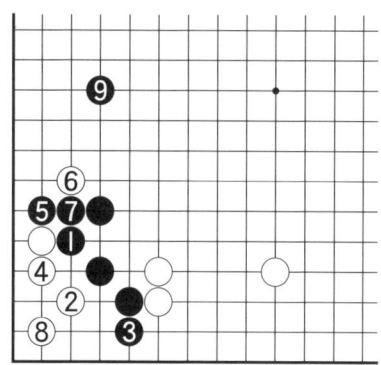

13도(실전적 붙임)

처음으로 돌아가서, 흑1로 붙이는 수도 실전적이다.

　백이 실리를 중시하면 2로 귀에 들어간 후 8까지 알뜰한 삶인데, 대신 하변이 약해져서 흑도 9로 모양을 구축하면 불만 없다.

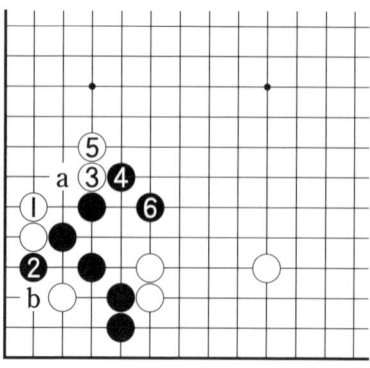

14도(백, 좌변 중시)

앞 그림 흑3 때, 백이 변을 중시하면 1 이하 5로 모양을 갖춘다. 흑은 귀에 실리를 취했고 중앙도 6으로 지키면 타협 흐름이다.

　백은 a의 약점 때문에 b로 넘어갈 수 없으니 흑의 귀는 안심이다.

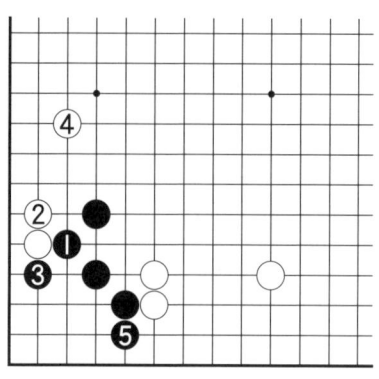

15도(서로 간명)

되돌아가서, 흑1에 처음부터 백2, 4로 좌변에 모양을 잡고 흑5로 지키면 서로 간명하다.

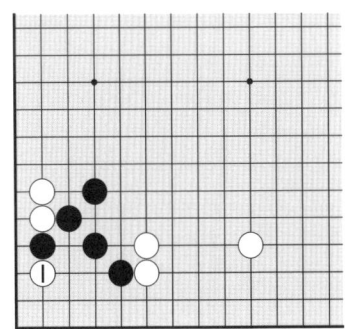

⊞ 장면

이 장면에서 백1로 껴붙여 바로 도발해오면 흑은 어떻게 대처해야 하는지 생각해보자.

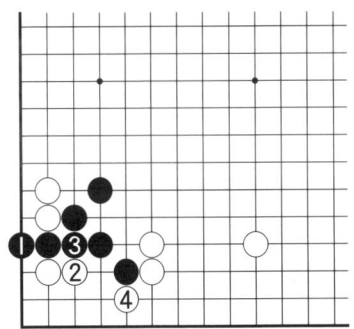

1도(귀가 털린다)

당장 흑1로 차단하면 백2, 4로 넘어가서 귀가 몽땅 털린다.

흑이 제대로 당했다.

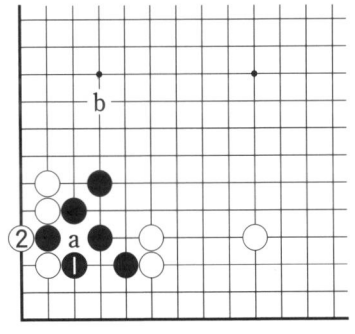

2도(현명한 발상)

우선 흑1로 막는 것이 급선무이다. 백2로 넘을 때 흑이 a로 순순히 이으면 당한 결과이다.

백이 넘어간 시점에서, 흑은 손을 빼거나 b로 유연하게 움직이는 것이 현명한 발상이다.

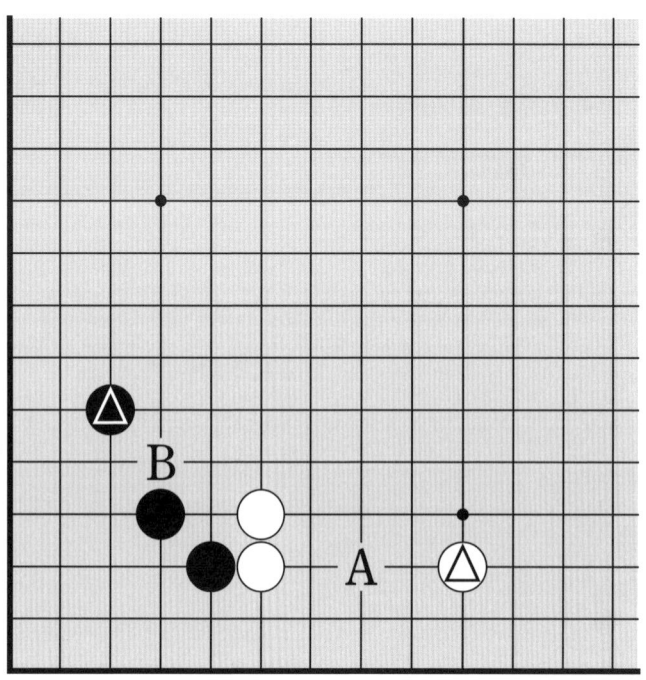

이번에는 흑이 ▲의 날일자로 받고 백도 △로 낮게 벌린 모양이다. 이 정석에서는 흑이 A로 침입하면 백의 대응도 능동적으로 변할 수 있다.

한편 백이 두는 경우 귀의 흑 진영을 공략할 때는 B 의 껴붙임에서 단서를 잡는 것이 유력한데, 이번 형에서 는 이들 주도적 착상에 대해 알아본다.

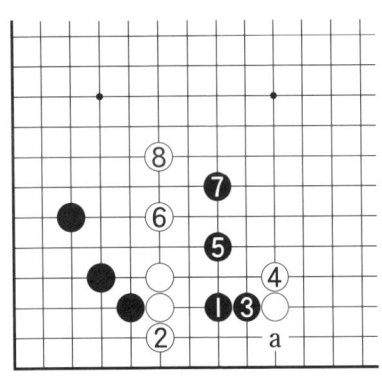

1도(주도적 착상)

이 정석에서 흑1로 침입하면 백2
가 주도적 착상이다. 흑3으로 건
넘을 방해하며 5, 7로 뛰어나가
는 행마는 백도 8까지 동행하며
충분히 싸울 수 있다. 귀의 흑도
엷고 백은 유사시 a가 활용되므
로 보기보다 약하지 않다.

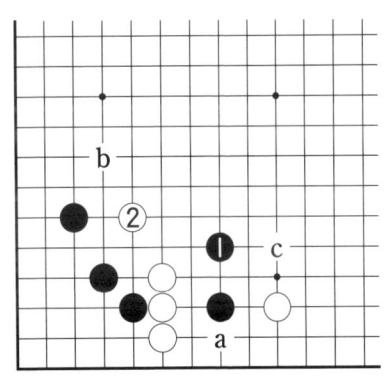

2도(흑, 무거운 행마)

앞 그림 백2 때 흑1도 건넘을 차
단하지만 무거운 행마로, 이하 6
까지 AI가 제시하는 변화이다.

　다음 흑은 a나 b가 무난한 행
마인데, 어디를 두든 백이 약간
기분 좋은 흐름으로 본다.

3도(흑, 무난한 뜀)

기왕 흑이 여기를 둔다면 1로 뛰
는 것이 무난하며, 백도 a로 넘기
보다는 2로 좌변을 압박하며 나
가는 것이 주도적 착상이다.

　다음 흑은 b나 c가 요소로 AI
가 지목하는 자리이다.

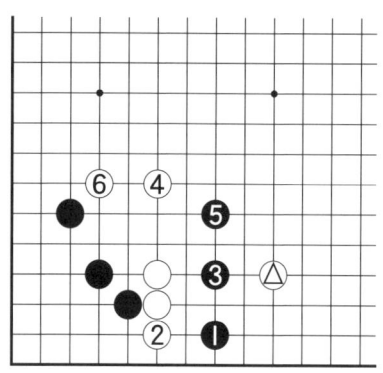

4도(어깨 짚는 수)

백△로 높은 벌림에서 흑1로 낮게 침입할 경우에는 백2로 귀와 차단할 수도 있다. 다음 5까지 서로 뛰며 힘을 겨루는데, 백도 6으로 어깨 짚는 수가 제격이라 충분히 싸울 수 있다.

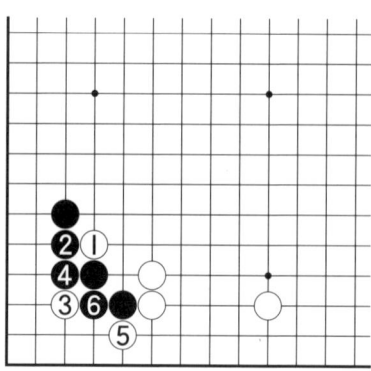

5도(효과적 꺼붙임)

백이 이곳을 두는 경우, 축이 유리하다면 1로 꺼붙인 후 3의 3三 침입이 효과적인 공략이다.

흑4로 잇고 백5에 흑6으로 물러선다면 백이 포인트를 올린 결과이다.

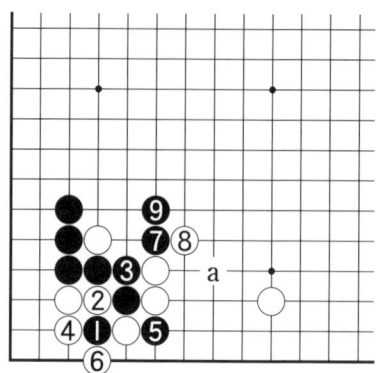

6도(행마의 요령)

앞 그림 백5 때 흑도 1로 젖히는 것이 기세이다. 이하 9까지 흑은 귀를 허용해도 두텁게 두는 것이 행마의 요령이다. 다음 백은 a로 지킬 수도 있지만, 초반이라면 큰 자리로 손을 돌리는 것이 낫다.

이 진행이면 타협된 결과이다.

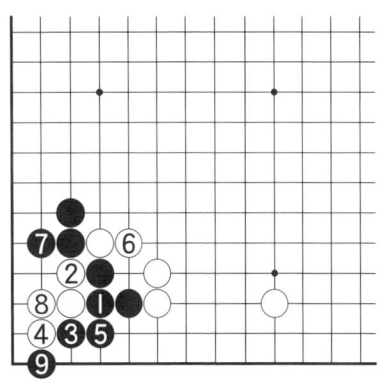

7도(간명한 정리)

5도 백3 때 흑1 빈삼각으로 건넘을 방해하면 백2로 끊는다.

바깥 축이 불리한 흑도 3, 5로 수상전을 유도하겠다는 뜻인데, 백이 간명하게 두자면 6으로 잇는다. 흑7, 9로 귀는 잡히지만, 백도 선수로 정리해서 충분하다.

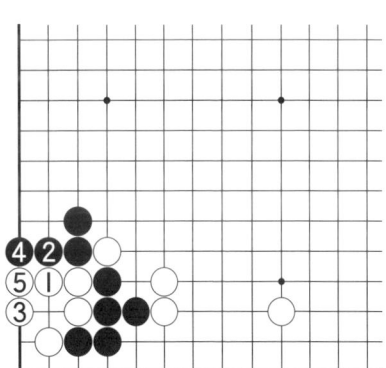

8도(백, 꼬부림)

앞 그림 흑5 때 백1의 꼬부림은 수상전을 유도해서 활용하려는 노림이 있다.

흑도 2, 4를 선수하고 나서가 문제인데~

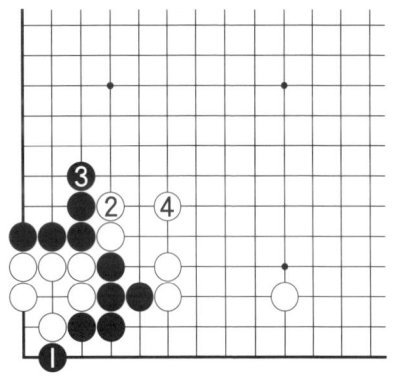

9도(까다로운 패맛)

흑1로 귀를 공격하면 백의 노림에 걸려든다. 백은 2, 4로 두텁게 정비하는 것만으로도 활발한 진행이다.

귀는 패맛이 남아 흑은 처리하기가 까다롭다.

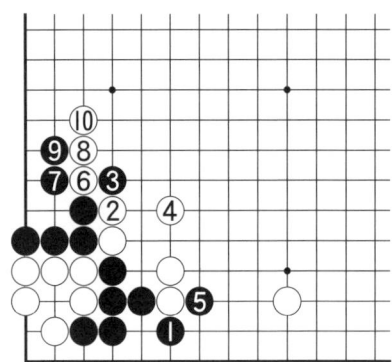

10도(흑, 변쪽 진출)

8도 다음 흑은 1로 변쪽 움직임이 현명하다.

백2, 4로 정비하면 흑5로 진출하고 나서 백6에 끊을 때 흑7, 9로 기며 견딘다. 백10 다음~

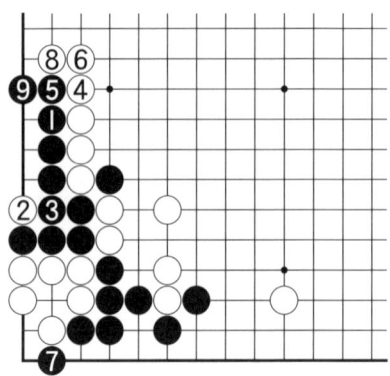

11도(백, 선수 막음)

흑1에 백2 이하 6까지는 당연한 흐름인데, 흑은 다음이 고민이다.

흑7로 귀를 잡고 싶지만, 백8 변의 막음이 선수가 되면 흑이 약간 불만이다.

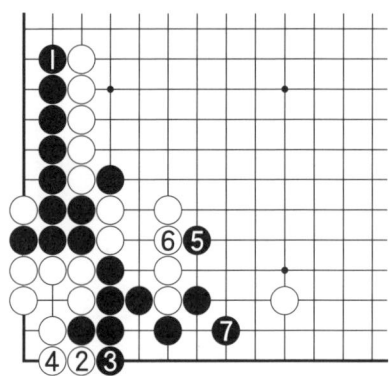

12도(자연스런 타협)

따라서 앞 그림 백6 때 흑1로 한 번 더 기는 것이 자연스럽다.

백이 2, 4로 살면 흑도 5, 7로 하변을 정비해서 불만 없는 타협이다.

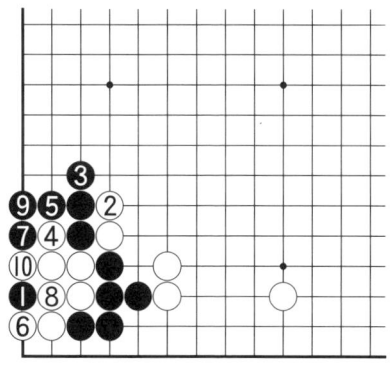

13도(흑, 치중)

거슬러 올라가, 이 모양에서 흑1
의 치중이면 패는 피할 수 있다.

　백2를 선수한 후 4 이하 10까
지는 돌을 키워서 활용하려는 정
교한 수순이다.

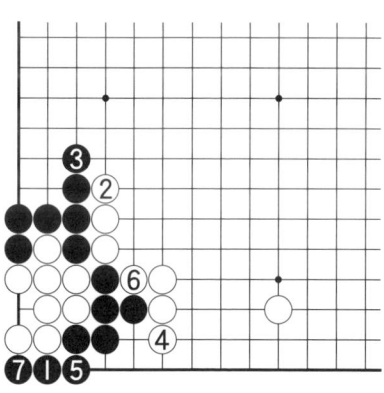

14도(백, 두터움)

이다음 흑1이면 귀를 잡지만, 백
2로 밀고 나서 4, 6을 모두 선수
로 활용하면 백이 두터워서 기분
좋은 흐름이다.

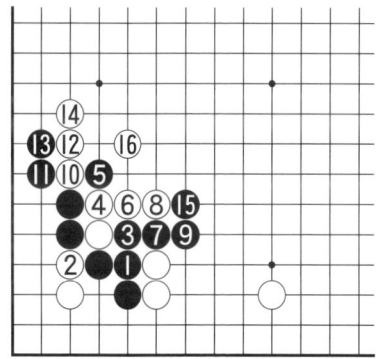

15도(고심의 방어)

5도 백3 때 흑1의 치받음이 많이
사용하는 고심의 방어이다.

　이때 백2로 끊으면 흑은 축이
불리해도 3, 5로 몰면서 7로 나
가 백의 다음 행마가 어렵다.

　이하 16까지 AI가 제시하는
변화인데~

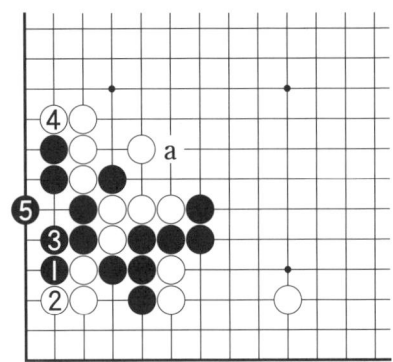

16도(흑, 간명한 삶)

이다음 흑1로 젖힌 후 5까지 살아두면 간명하다.

　백은 귀와 하변이 궁색하고 좌변도 a의 활용이 남아 불리한 진행이다.

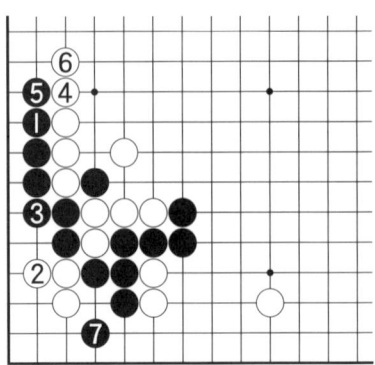

17도(흑, 밀고 나감)

15도 다음 흑1로 밀고 나가도 좋다. 백이 2를 활용해도 4, 6으로 물러서야 하므로 흑7로 귀를 공략하면 백이 궁지에 몰린다.

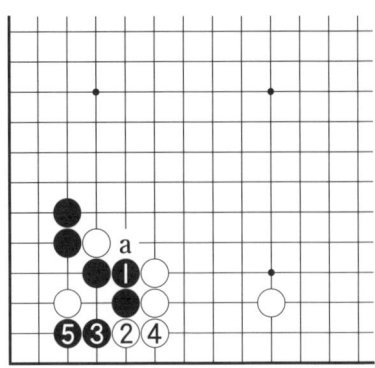

18도(정형)

거슬러 올라가, 흑1에는 백2, 4로 젖혀 잇고 흑5로 지키는 것이 정형이며 서로 무난하다.

　이에 따라 흑은 불안한 귀를 확실히 지켰고, 백은 a의 활용도 보장되어 하변이 두텁다.

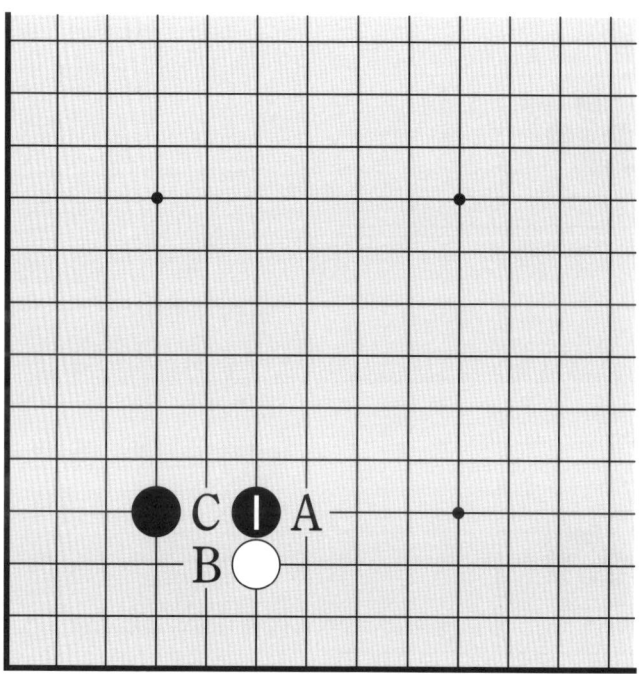

흑1의 위붙임는 중앙의 두터움을 중시하는 수단이다. 예전에는 하수의 접바둑정석이라 여겼지만 AI시대에는 두터움의 가치를 높이 평가하면서 주변 상황과 연동해서 애용하는 경우가 많아졌다.

백의 대응도 그동안 상식이었던 A의 젖힘뿐만 아니라 B와 C도 가능한데, 이들 변화에 대해 알아본다.

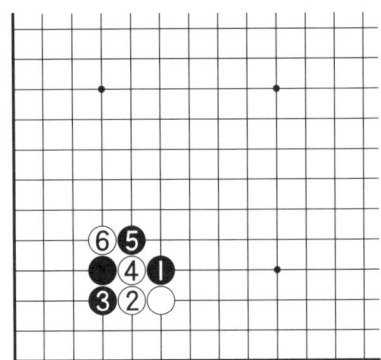

1도(흑, 위험)

흑1에 백2는 '붙이면 젖혀라' 격언을 무시한 처사이지만 AI시대에는 이런 수도 주역으로 인정한다. 이때 흑3으로 귀를 막는 것은 백4, 6으로 끊겨 위험하다.

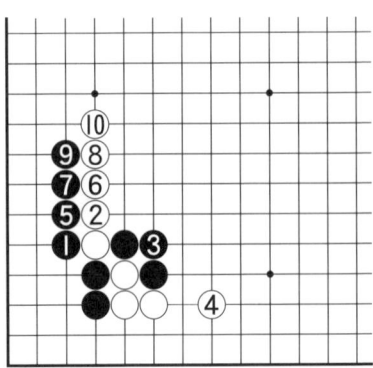

2도(백, 두터움)

이다음 흑1, 3으로 정비하고 나서 귀가 허술한 흑이 10까지 좌변에서 밀어가야 된다면 백이 두터워져서 흑의 불만하다.

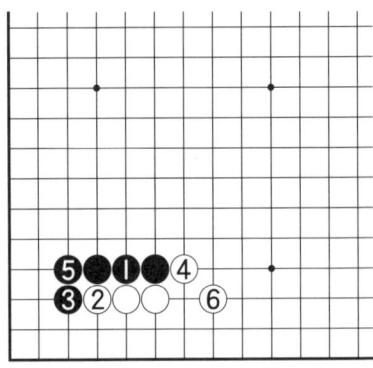

3도(AI 정석)

1도 백2 때 흑1로 잇는 것이 정수이다.

백2로 들어간 후 6까지 무난한 진행이며, AI가 추천하는 정석이라 보면 된다.

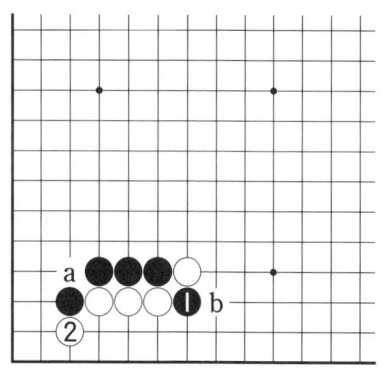

4도(단수 맞보기)

앞 그림 백4 때 흑1로 끊는 것은
귀에서 백2로 젖힌 다음 a와 b의
단수를 맞보기로 해서 백이 불리
할 일은 없다.

흑도 특별한 전략이 아니라면
이처럼 어려운 길은 피하는 것이
현명하다.

5도(백이 끼우는 경우)

처음으로 돌아가서, 백의 축이 유
리하면 1의 끼움도 가능한 시도
이다. 이때 흑2, 4로 귀를 지키면
백5의 축이 문제가 된다.

흑의 축이 불리해서 단순히 6
으로 진출하면 백이 7로 따내서
두텁다.

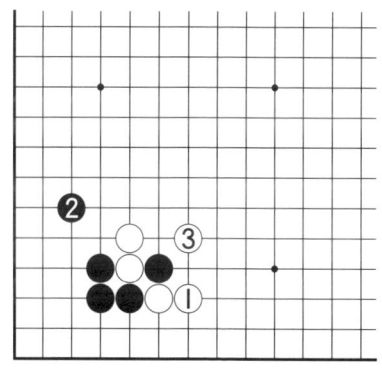

6도(백, 불만)

앞 그림 흑4 때 백의 축이 불리
하면 상황이 돌변한다.

백1, 3의 장문으로 한점을 잡
을 수 있지만 두루 활용의 여지
를 남긴 만큼 이번에는 백이 불
만이다.

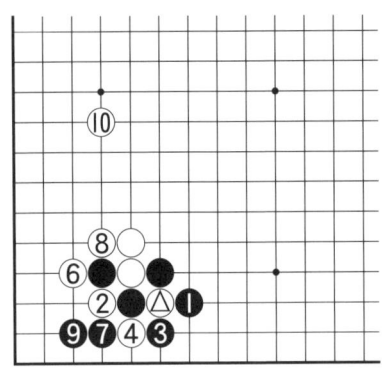

7도(흑, 변에서 단수)

5도 백3 때 흑도 축이 불리하면 1로 변에서 단수칠 수 있다.

　백은 2, 4를 선수한 후 6으로 한점 잡는 것이 무난하며, 이하 10까지 서로 타협된 모습이다.

❺··⚠

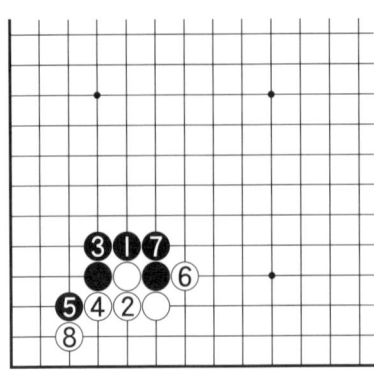

8도(흑, 위로 단수치는 경우)

끼우는 정석은 백의 축이 유리할 때 사용된다.

　흑도 1, 3으로 위에서 단수치고 귀쪽을 잇는 것이 예로부터 많이 사용되는 방법이다. 백은 4로 파고든 후 6, 8로 귀에 파고드는 것이 보통의 수순인데~

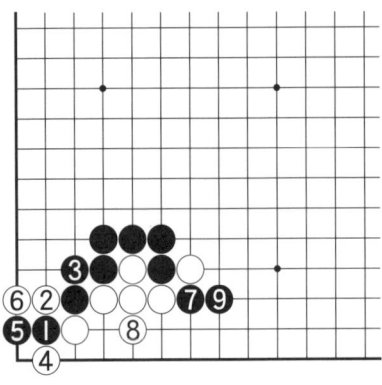

9도(무난한 타협)

흑1의 이단젖힘은 행마의 맥이고 백2, 4로 잡을 때 흑5로 키운 후 7의 끊음은 AI가 추천하는 수순이다. 백8에 지키고 흑9로 늘면 서로 무난한 타협이다.

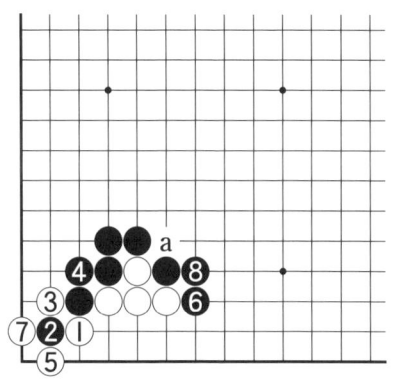

10도(백의 간명책)

8도 흑5 때 단순히 백1로 젖힌 후 7까지 귀의 한점을 잡아두는 것도 간명하다.

흑8의 이음이면 중앙이 봉쇄되지만 a의 단점도 남은 만큼, 역시 앞 그림과 우열을 가릴 수 없는 타협이다.

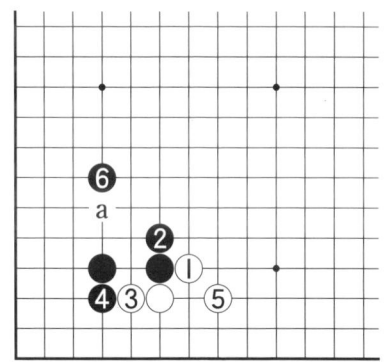

11도(붙여뻗기의 대표)

처음으로 돌아가서 백1, 3은 낯익은 수단이다. 이하 6까지 서로 지키는 것이 붙여뻗기 정석의 대표인데, AI는 백5의 호구가 단단하지만 약간 발이 느리다는 진단이다. 흑은 예전에 많이 두던 a보다 6의 두칸이 효율적이다.

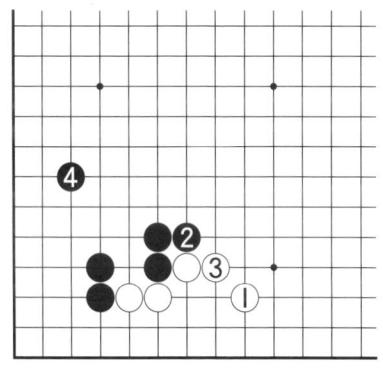

12도(백, 날일자 지킴)

상황에 따른 선택이지만, AI는 백1의 날일자 지킴이 호구보다 능률적으로 본다.

흑도 2로 눌러놓고 4로 균형감 있게 지키면 충분하다.

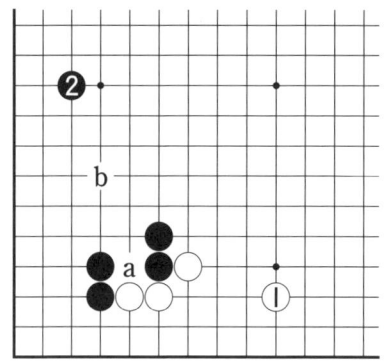

13도(넓게 벌리는 경우)

붙여뻗기 정석에서 백이 변에 최대한 벌리자면 1의 눈목자 행마가 적절하다.

흑도 a쪽 끊기는 맛이 두렵지 않으므로 b로 지키기보다 2로 넓게 전개하는 것이 효율적이다.

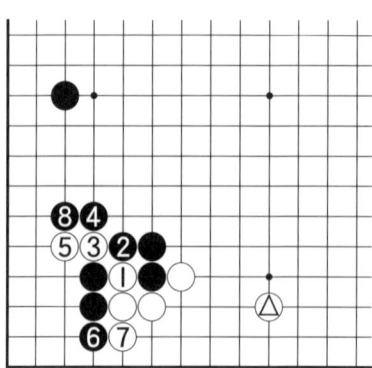

14도(나와 끊는 경우)

이때 백1, 3으로 끊으면 어떨까.

흑4, 6에는 백△ 덕에 7로 최대한 버틴 후 흑8로 몰면, 백은 귀의 흑과 수상전을 펼치겠다는 속셈이다.

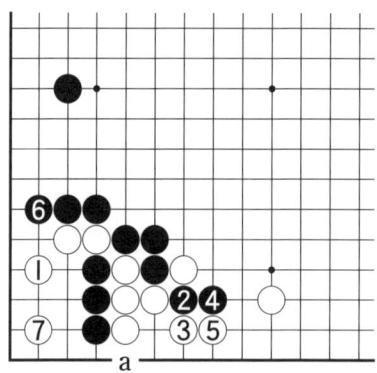

15도(단수 보류가 핵심)

이다음 백1의 마늘모 행마가 탄력적인데, 흑도 그 대처에 주의를 기울여야 한다. 우선 흑2, 4를 활용해두고 6으로 변을 차단한다.

흑이 a의 단수는 보류하는 것이 핵심이다. 백7로 진입하면~

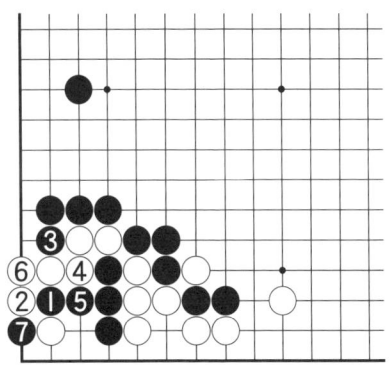

16도(끼우는 맥)

흑1의 끼움이 맥점이다. 백2로 아래에서 단수치면 흑3, 5로 몰고 7로 먹여쳐서 백이 알기 쉽게 잡힌 모습이다.

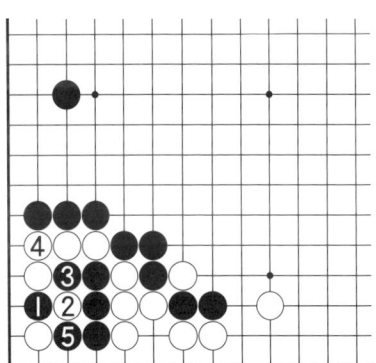

17도(필연)

흑1에 백2로 위에서 단수칠 때가 문제인데, 일단 흑3, 5로 한점을 잡는 것이 필연이다.

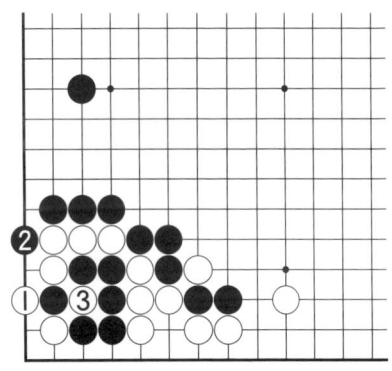

18도(패)

이다음 백1이면 패가 나는 모습인데, 일단 흑2로 단수쳐서 패를 걸어간다. 백3으로 먼저 따내게 되지만~

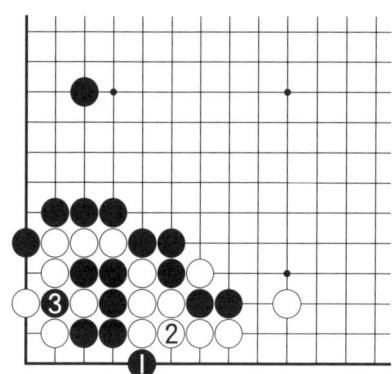

19도(초반무패)

이때 단수활용의 보류 덕분에 흑
1로 팻감을 쓰고 3으로 따낼 수
있다.

　이런 진행은 주로 초반에 나오
므로 백이 유력한 팻감이 없다면
절대 불리하다.

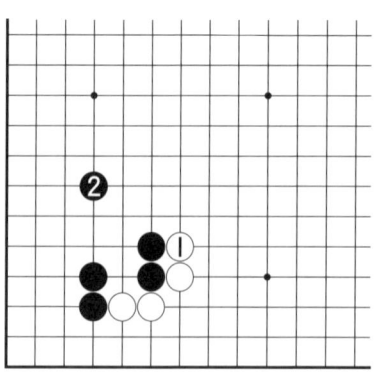

20도(간명한 타협)

거슬러 올라가, 백이 변의 벌림보
다 1로 중앙에 힘을 싣는 것이야
말로 AI의 추천 일순위이다.

　흑도 중앙을 무시하고 2로 지
키면 간명한 타협이다.

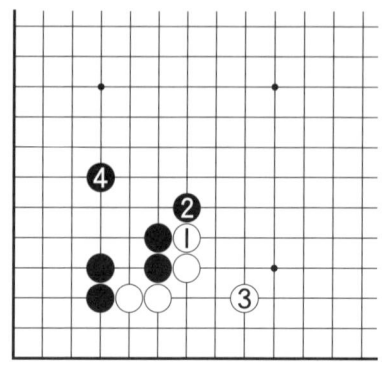

21도(중앙을 중시한 젖힘)

백1에 흑2의 젖힘은 중앙을 중시
한 선택이다.

　이번에는 백이 중앙을 무시하
고 3으로 변에 모양을 잡으면 간
명하다. 흑도 4로 지키면 앞 그림
과 비슷한 타협된 모습이다.

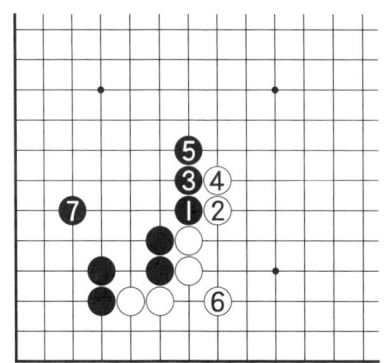

22도(중앙에서 경합)

흑1에는 백2로 젖혀 중앙에서 경합하는 것이 AI 안목에서는 기세로 본다.

흑은 3, 5로 나가는 것이 무난하며 백6과 흑7, 서로 진영을 지키면 타협의 길이다.

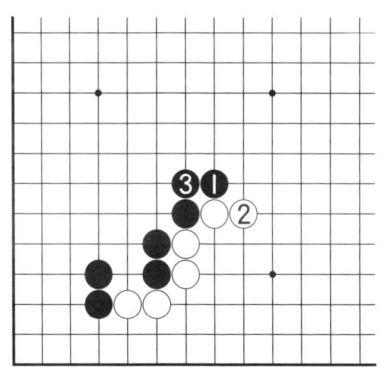

23도(흑, 이단젖힘)

앞 그림 백2 때 흑1의 이단젖힘도 기세인데, 백2로 물러서면 흑도 3에 이어 서로 균형이 잡힌 진행이다.

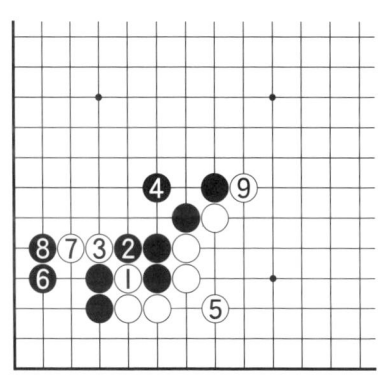

24도(백의 힘찬 끊음)

흑이 이단 젖히면 백도 1, 3으로 귀에서 끊는 것이 힘차다.

흑4에 백도 5로 지킨 후 9까지 AI가 제시하는 수순인데, 백이 활발한 흐름으로 본다.

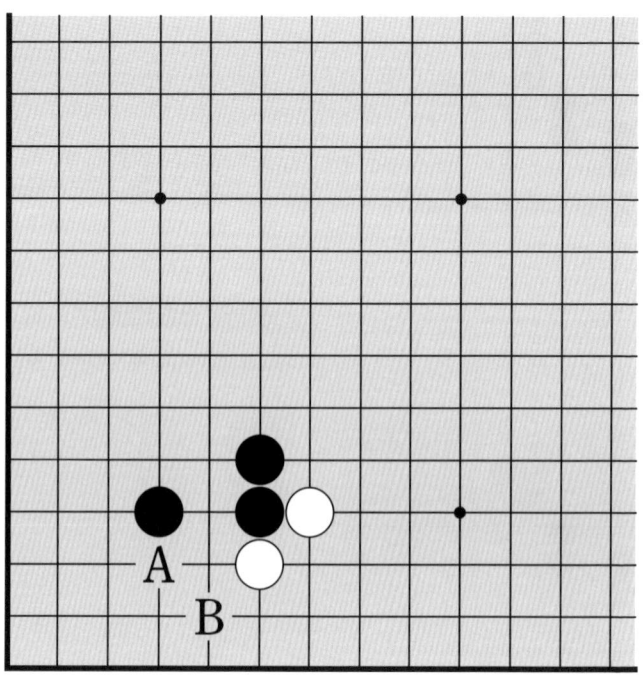

붙여뻗기 정석에서 이번에는 백이 A로 붙이거나 B의 마늘모로 두는 변화에 대해 알아본다.

이런 수의 특징은 변에 기반을 두면서 귀에 좀 더 파고들겠다는 생각이 강하다.

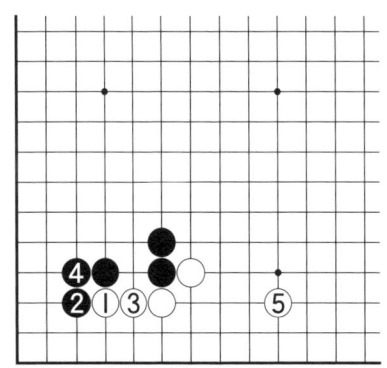

1도(귀에 붙이는 변화)

백1로 붙이면 흑2로 젖히는 것이 가장 무난하다. 백3, 5는 변의 안정을 중시하는 온건한 선택이다.

흑은 손을 뺄 수도 있지만~

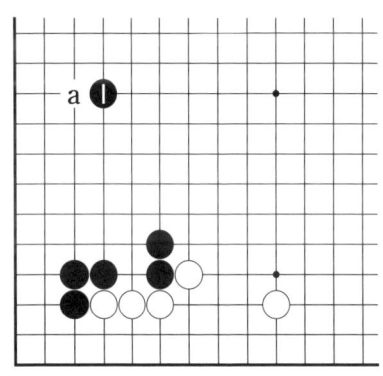

2도(효율적 벌림)

흑이 이곳을 둔다면 1(또는 a)로 넓게 벌리는 것이 효율적이다.

그래야 중앙으로 뻗은 두터움을 제대로 활용할 수 있다.

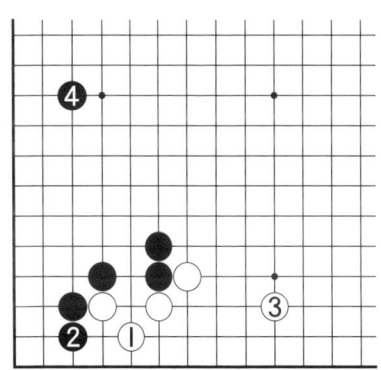

3도(백, 탄력적 호구)

백1의 호구는 탄력을 주겠다는 뜻인데, 흑도 끊기는 약점이 없는 만큼 2로 가만히 내려서는 것이 효과적 대응이다.

백3으로 안정하면 흑도 4로 벌려 모양을 넓히는 것이 적절하다.

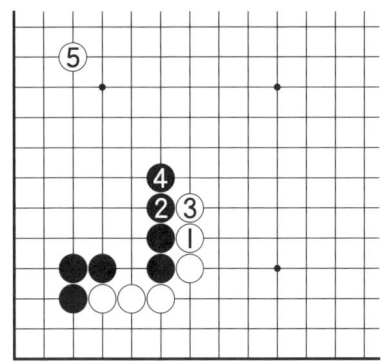

4도(흑, 불만)

이런 모양에서도 AI는 중앙을 중시하며 백1로 밀어 올리는 수를 곧잘 추천한다.

이때 흑2, 4로 밀리면 백은 하변이 두텁고 5로 좌변도 견제하니, 흑의 불만이다.

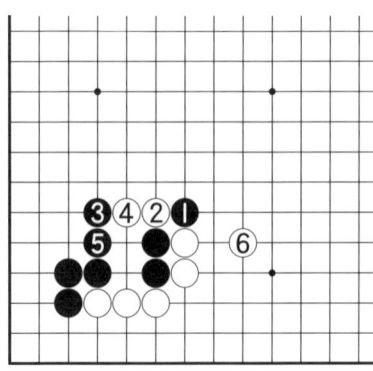

5도(흑, 젖힘)

백이 밀어 올리면 일단 흑1의 젖힘은 기세이다.

백2로 끊을 때, AI는 흑3으로 받는 것을 무거운 행마로 본다. 백4, 6으로 모양을 잡고 중앙 두점은 활용한다는 생각으로 싸우면 백이 기분 좋은 흐름이다.

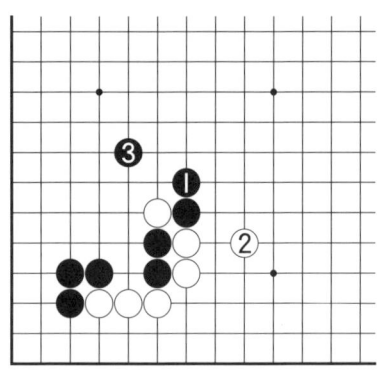

6도(올바른 방향)

백이 끊을 때는 흑도 1로 중앙을 제어하는 것이 올바른 방향이다.

백2와 흑3은 AI가 추천하는 능동적 수비로 서로 어울린 진행이다.

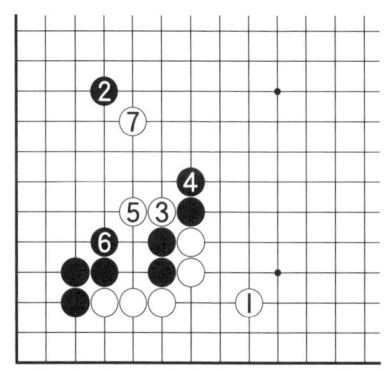

7도(무난한 벌림)

흑이 젖힐 때 백1로 벌리면 무난하다. 다음 흑이 좌변을 중시하면 2로 넓게 벌린다.

백도 3에 끊은 후 7까지 삭감하면서 싸울 수 있다.

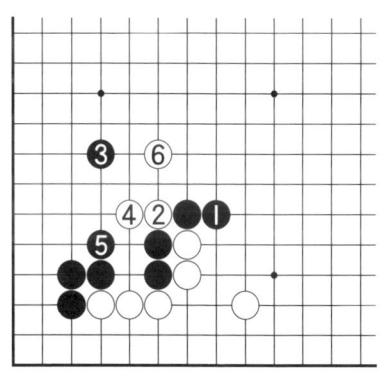

8도(흑, 중앙 중시)

흑이 중앙을 중시하면 1로 머리를 내미는 것이 요처이다. 백2로 끊으면 흑3 벌림이 효율적 행마이며 백4, 6으로 나가 싸움이 일어난다.

흑도 이 싸움을 피하고 싶다면 1대신 호구로 지킬 수 있다.

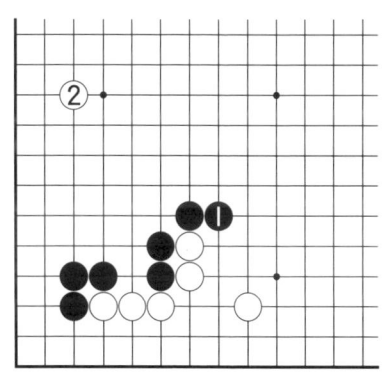

9도(백, 유연한 선택)

흑1에 백은 끊어 싸우기보다 2로 좌변에 선착해서 유연하게 둘 수도 있다.

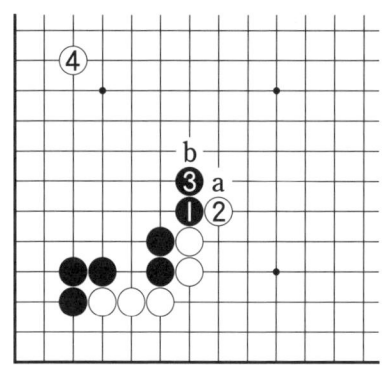

10도(백, 중앙 중시)

흑1에 백이 중앙을 중시하면 2로 젖혀 활용해놓고 4로 좌변을 견제하는 방법도 유력하다.

수순 중 흑3 다음 백a, 흑b로 밀고 둘 수도 있다.

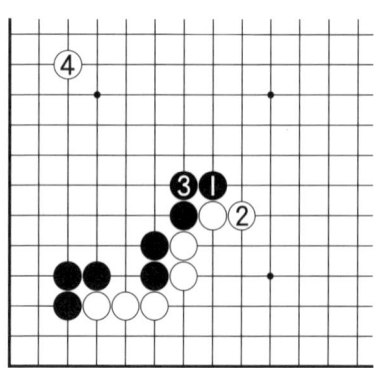

11도(흑, 이단젖힘)

앞 그림 백2 때 흑1로 이단 젖히면 백2로 늘고 흑3에 잇는 진행이 자연스럽다.

백4의 좌변 견제는 앞 그림과 마찬가지로 요소이다.

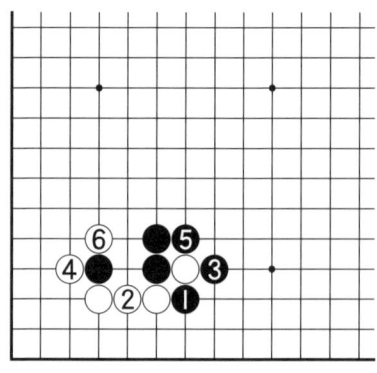

12도(흑, 변의 두터움 중시)

되돌아가서, 흑1로 변에서 끊는 수도 가능하다. 백2에 흑3의 축은 흑이 유리해야 한다. 이하 6까지 진행되면 일단락이다.

흑이 귀의 실리를 허용하더라도 하변을 두텁게 두고자 하면 이 변화가 유력하다.

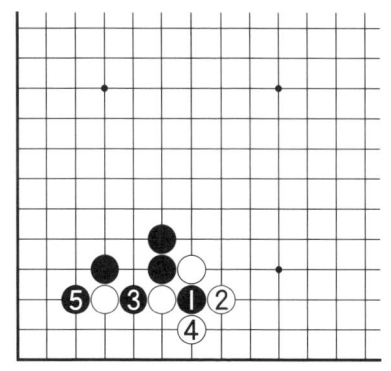

13도(백, 하변 중시)

흑1로 끊을 때 백이 변을 중시하면 2로 단수칠 수 있다.

흑3, 5로 귀는 허용해도 하변이 두텁고 선수이므로 백도 충분하다.

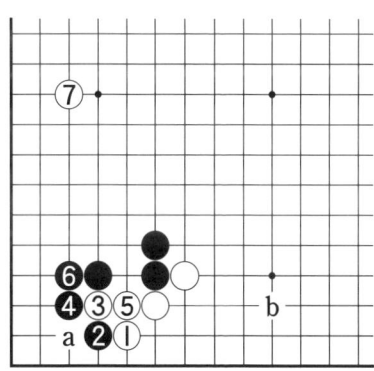

14도(흑, 느슨)

붙여뻗기에서는 백1의 마늘모 행마가 AI 추천 일순위에 들어있다. 흑2로 막으면 백3, 5로 끼워 잇는다. 이때 흑6으로 잇는 것은 느슨하다. 백은 a의 맛이 있으니 굳이 b로 지키지 않아도 된다. 백7로 좌변을 견제해도 충분하다.

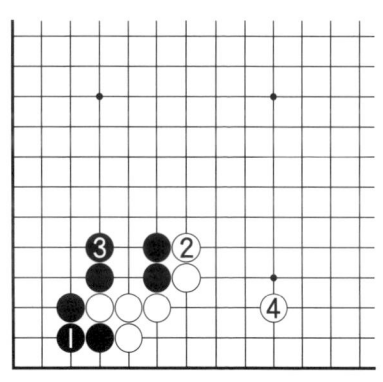

15도(흑, 귀쪽 이음)

앞 그림 백5 때 흑1로 귀쪽을 잇는 것이 타이트한 수단이다. 백도 2를 활용해 중앙에 힘을 싣고 나서 4로 벌리면 불만 없다.

수순 중 백2에 흑3의 쌍립이 적절한 수비 자세이다.

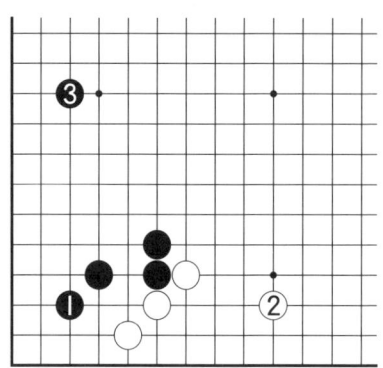

16도(흑, 탄력적 방어)

백의 마늘모 행마에는 흑도 1의 마늘모로 귀를 방어하는 것이 AI가 추천하는 탄력적 자세이다.

　백2로 벌리면 간명하지만, 흑도 3으로 넓게 벌려 불만 없다.

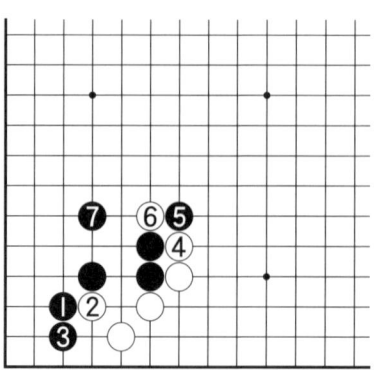

17도(백, 중앙 중시)

흑1에 백2의 호구가 맥이며 흑3에 백4로 중앙에 힘을 싣는 것이 AI의 추천 일순위이다.

　흑5의 젖힘이 강수인데, 백6으로 끊으면 흑7로 받고 충분히 싸울 수 있다.

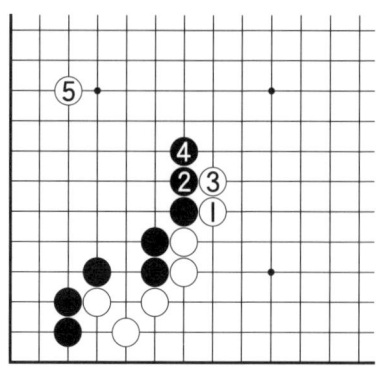

18도(무난한 진행)

앞 그림 흑5 때 백도 1, 3으로 밀어놓고 5로 견제하는 것이 무난한 진행이다.

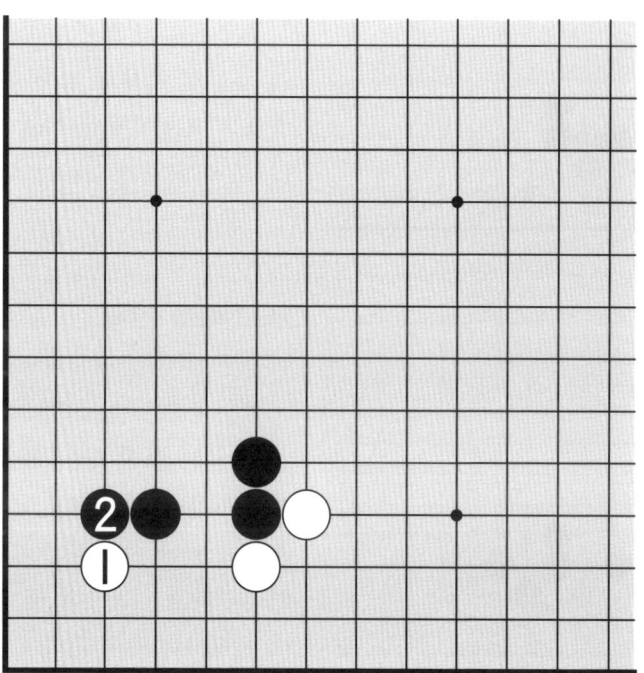

이번에는 붙여뻗기 정석에서 백1로 3三에 들어가는 수단이다. 변에서 차단되더라도 귀의 실리를 우선 차지해서 이득을 보겠다는 뜻이다.

흑은 여러 대응이 있는데, 우선 좌변 쪽에서 2로 막고 연결해주는 변화부터 알아본다. 연결을 허용하면 상식에 어긋나지만 흑도 특별한 전략이 숨어있다.

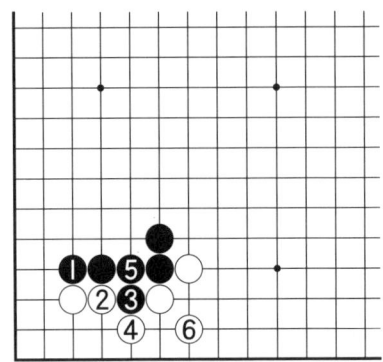

1도(흑, 당함)

흑1로 막을 때 백2로 연결하면 일단 백이 기분 좋다.

흑3, 5로 끼워 잇는 것은 백6의 호구로 자세를 잡아 귀와 변으로 이어진 백의 모양이 완벽하다. 흑이 철저히 당한 결과이다.

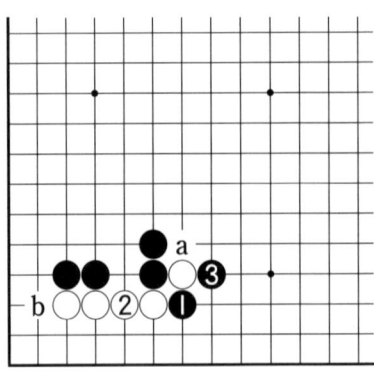

2도(전략적 선택)

이렇게 된 이상 흑1, 3으로 변의 한점을 축으로 잡는 것이 전략적 선택이다. 그리고 이 축은 흑이 반드시 유리해야 한다.

다음 백이 손을 빼면 흑은 a로 가일수하고 나서 b의 젖힘을 선수 활용하는 것이 크다.

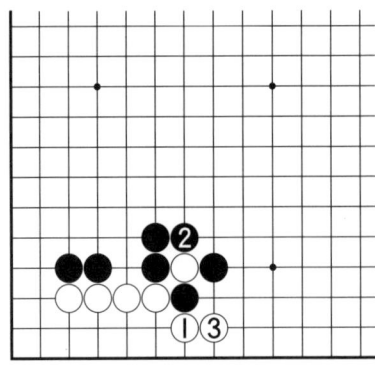

3도(느슨한 하변 진출)

이다음 백이 1, 3으로 하변부터 진출하는 것은 바람직하지 않다.

흑은 자연스럽게 한점을 따내며 선수로 두텁게 둘 수 있다.

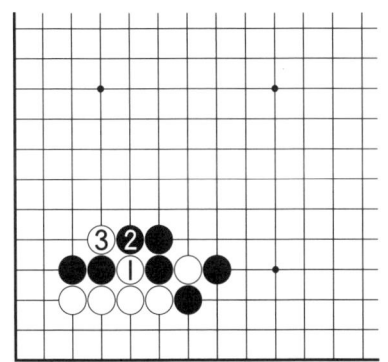

4도(효과적 선택)

2도 다음, 이 정석에서는 백도 1, 3으로 먼저 좌변을 나와 끊는 것이 효과적 선택이다.

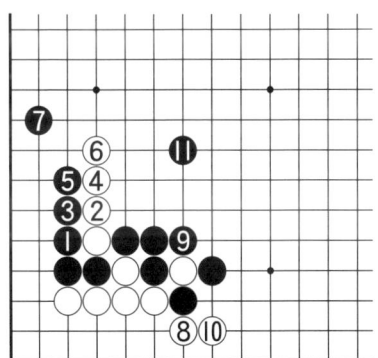

5도(흑, 두점을 살리는 경우)

보통 흑1 이하 7까지 노골적으로 두점을 살리면 손해이지만 지금은 다르다.

백8, 10으로 하변 진출이 큰데, 흑도 11로 자연스럽게 국면을 주도해서 불만 없다.

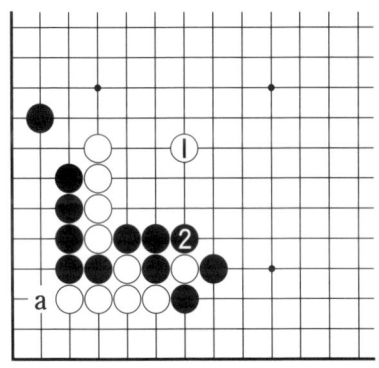

6도(백, 불리)

앞 그림 흑7 때 백1로 중앙부터 돌보면, 흑이 2로 따낸 후 a의 젖힘도 선수가 되므로 백이 불리한 진행이다.

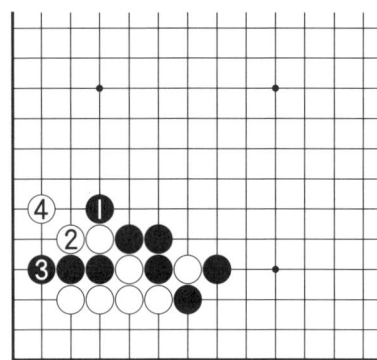

7도(중앙 두터움을 살리는 길)

4도 다음, 흑1로 단수하고 3으로 나가 석점으로 키우는 것이 중앙 두터움을 살리는 길로 많이 둔다.

　백도 4의 마늘모가 행마의 요령이다.

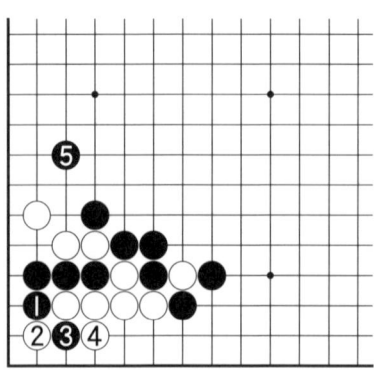

8도(행마법)

이다음 흑1, 3으로 끊어 귀에 맛을 남긴 후 5의 날일자로 포위하는 것이 기억해둘 행마법이다.

　귀에서 끊어둔 이유는 다음에 밝혀진다.

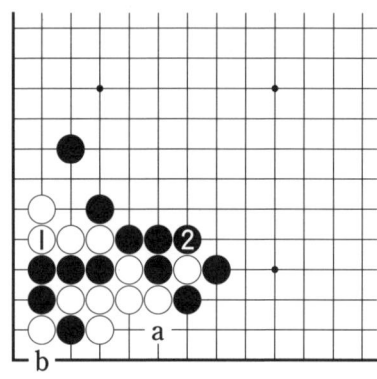

9도(젖힘이 선수로 작용)

계속해서 백1로 수비할 때 흑2로 가일수하면 일단락이다.

　이 변화는 흑 후수로 귀에 실리를 허용했지만, 흑도 두텁고 a의 젖힘이 선수로 작용하므로(백이 받지 않으면 흑b로 패) 대등한 결과이다.

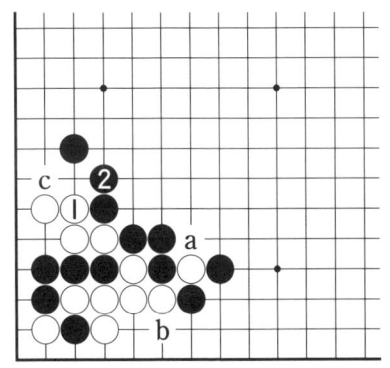

10도(흑, 두터움)

8도 다음 백1의 반격은 흑2로 받아주면 손을 빼겠다는 뜻이다.

그래도 흑은 a로 따낸 후 b가 선수이고 c쪽 벽도 선수로 틀어막을 수 있으니 이런 두터움이라면 후수라도 둘만하다.

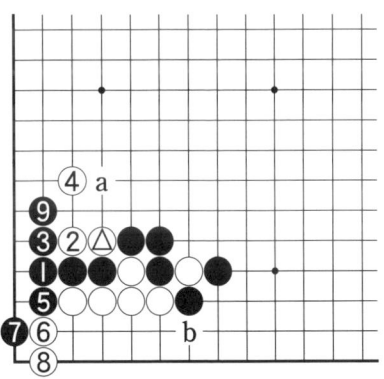

11도(흑, 내려서는 수)

거슬러 올라가, 백△ 때 흑1로 내려서는 수는 AI의 추천이다. 백2로 압박하면 흑3으로 변쪽을 먼저 꼬부리고 5, 7로 귀를 선수한 후 9로 나가는 수순을 제시한다.

다음 백a로 정비하면 흑b로 백이 궁지에 몰린다.

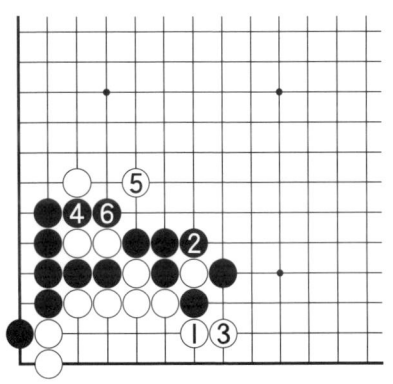

12도(급선무)

백도 1, 3으로 하변에 진출하는 것이 급선무이다.

흑4로 추궁하면 백5로 활용해 놓고 손을 빼는 것이 적절한 대응이며 타협된 결과이다.

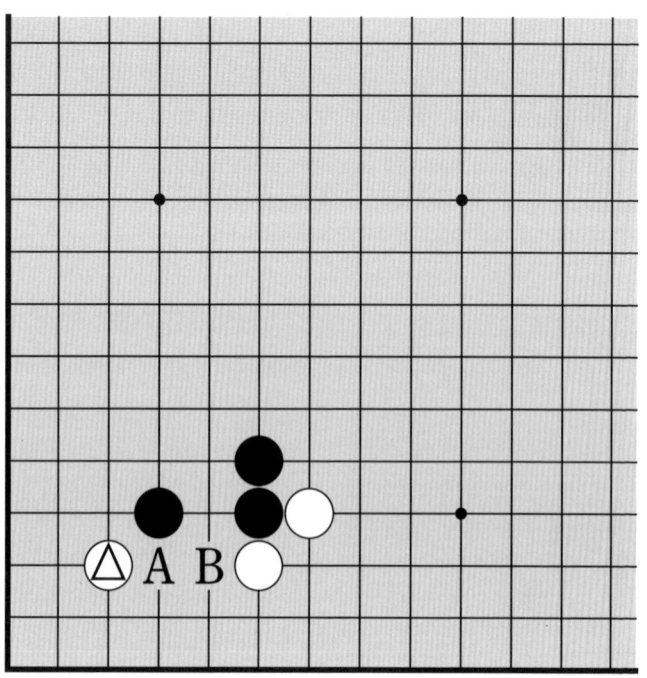

백이 △로 3三에 들어올 때 흑은 변과 차단해서 싸우는 것이 일단 기세로는 상식이다. 차단이라도 흑은 A와 B의 두 갈래 길이 있다.

A는 귀쪽, B는 변쪽 막음이다. 그 선택에 따라 우열이 분명해지므로 여기에서의 행마는 취향이 아니라 방향을 정확히 잡아야 한다.

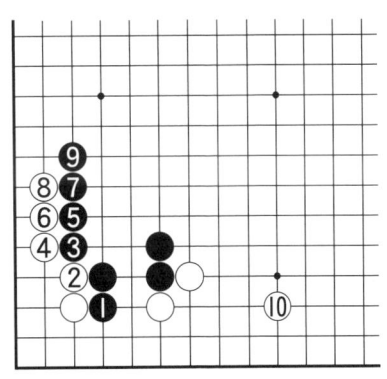

1도(귀쪽 막음)

우선 흑1로 귀쪽에서 바로 막는 변화를 알아본다. 결론부터 말하면 잘못된 선택이다. 백2 이하 8까지 밀어 귀를 살려놓고 10으로 하변을 지키면 양쪽을 정리한 백의 만족이다. 흑의 두터움이라고 해도 중복된 모습이다.

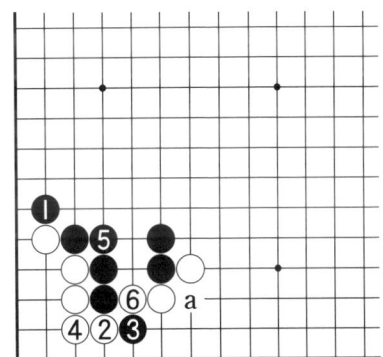

2도(흑, 이단젖힘)

앞 그림 백4 때 흑도 1의 이단젖힘이 기세이다.

이때 백이 2, 4로 젖혀 이으면 6으로 한점을 잡을 수 있지만, 흑도 a의 맛이 있고 두터워 서로 둘만하다고 AI는 평한다.

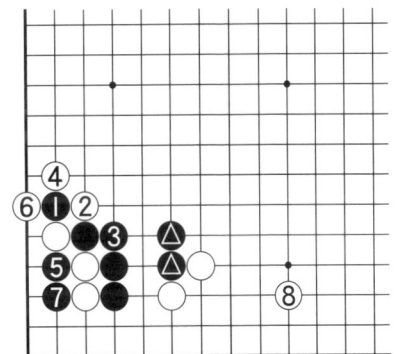

3도(바꿔치기로 중복 유도)

흑1 이단젖힘에, AI 안목에서는 백도 2, 4로 한점을 잡고 이하 7까지의 바꿔치기를 제시한다.

백8로 벌리고 나서 보면 흑▲들이 중복돼 있다고 판단한다.

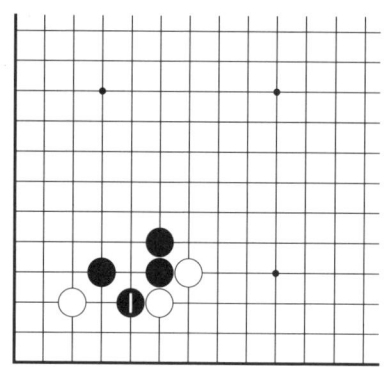

4도(올바른 호구 막음)

붙여뻗기 정석에서 흑1의 호구 막음이 백의 3三침입에 대한 마지막 관문이다.

실은 흑도 이렇게 두는 것이 올바른 대응인데, 그래야 하변까지 강한 영향을 줄 수 있다.

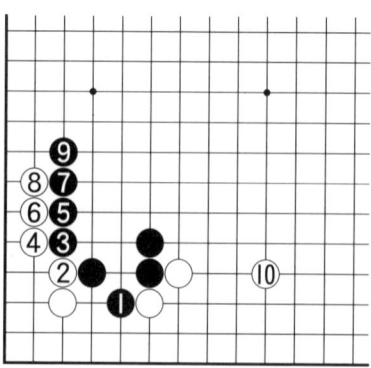

5도(흑, 미흡)

흑1 호구로 변쪽을 막는 것이 올바른 선택이기는 한데, 백2에 흑3 이하 9로 밀리면 기분 나쁘다.

백이 귀를 선수로 처리한 후 10으로 하변도 정비하면, 1도와 비슷한 흐름이며 흑이 미흡하다.

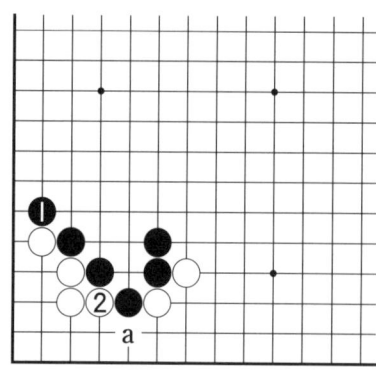

6도(그럴듯한 맥)

앞 그림 백4 때 흑1의 이단젖힘으로 기세를 올리면 백은 어떻게 대응할까.

백2로 치받는 것은 좌변 약점과 a의 연결을 맞보는 그럴듯한 맥인데 과연 효과적일까.

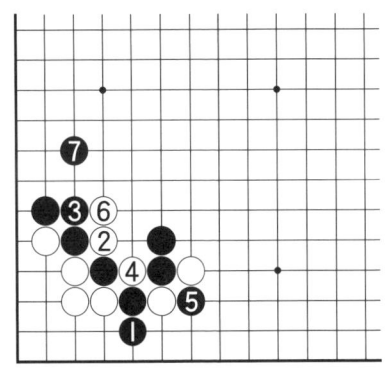

7도(흑, 우세)

흑은 1로 빠지면서 연결을 차단
하는 것이 강수이다.

　백은 2, 4로 중앙 한점을 잡고
6으로 진출할 수 있지만, AI는
양쪽 변이 활발한 흑이 우세한
진행으로 본다.

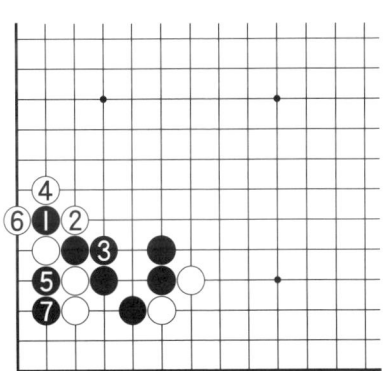

8도(무난한 바꿔치기)

흑1 이단젖힘에는 백2, 4로 한점
을 잡는 것이 무난하다.

　흑5, 7로 귀와 바꿔치기인 것
은 3도와 같은 맥락이다. 백은 선
수 이점이 있어 충분하다.

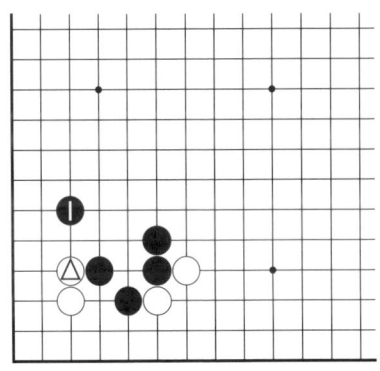

9도(효과적 차단)

거슬러 올라가, 5도 백2 때 흑은
1로 늦춰 받으며 좌변을 차단하
는 것이 가장 효과적 수단이다.

　이 수의 가치로 인해 백△ 미
는 수가 악수로 변한다.

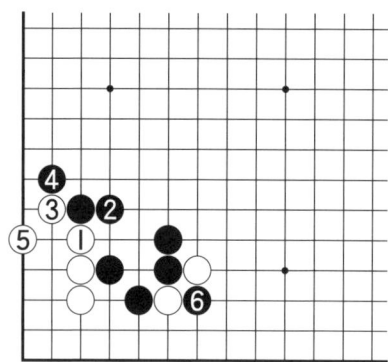

10도(흑, 국면 압도)

이다음 백1로 치받으면 흑2로 늘어서 좋다.

　백3, 5로 살면 흑6으로 하변을 제어해서 흑이 국면을 압도하는 진행이다.

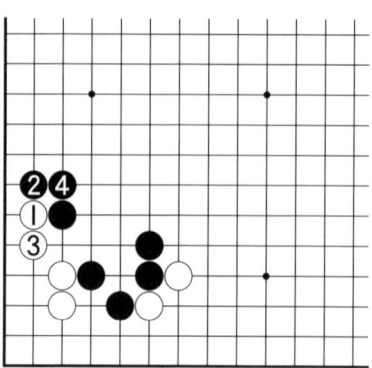

11도(통로 차단)

9도 다음 백1의 붙임이 이럴 때 맥이지만 흑이 2, 4로 좌변의 통로를 완전 차단해서 두텁다.

　5도와 비교하면 그 차이를 알 수 있다.

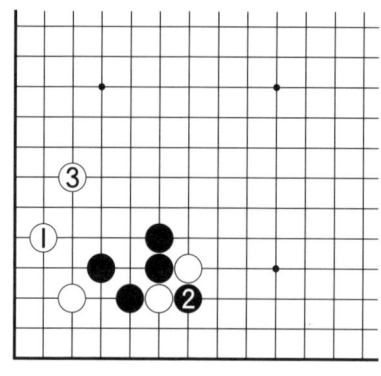

12도(산뜻한 진출)

되돌아가서, 백1의 날일자 행마는 낮은 자세이지만 변의 진출을 빠르게 하려는 뜻으로 많이 둔다.

　이때 흑2로 하변을 제압하면 무난하지만, 백도 3의 산뜻한 진출로 소기의 목적을 달성한다.

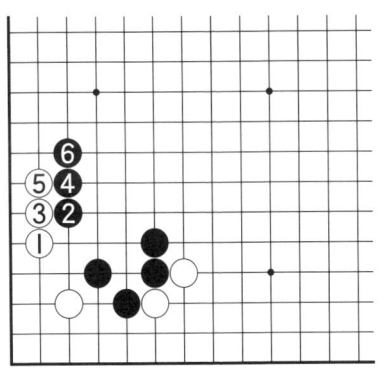

13도(흑, 좌변 중시)

백1에 흑이 좌변을 중시하면 2로 압박해서 6까지 두텁게 둘 수도 있다.

백도 11도와 달리 좌변이 터져 있고 선수이므로 이 정도 눌림은 감수하겠다는 계산이다.

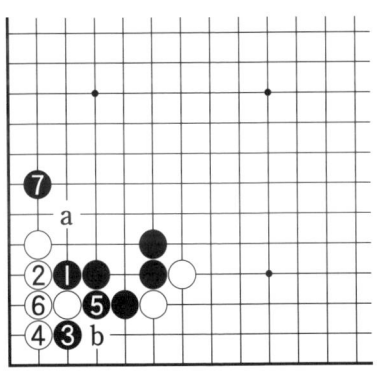

14도(효율적 강수)

상황에 따라서는 흑1 이하 5로 귀를 압박한 후 7의 협공이 효율적 강수이다.

백은 a로 나가든지, 삶이 궁색하면 b 단수도 선택할 수 있다.

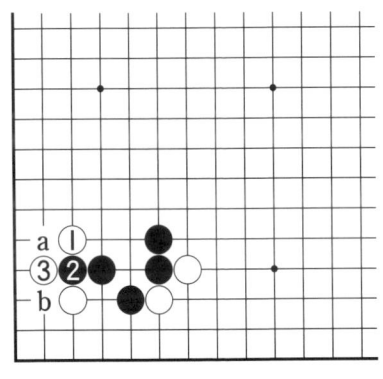

15도(가볍게 뛰는 수)

되돌아가서, 백1로 뛰는 수는 가볍게 두자는 의도가 있다.

흑2로 들어가는 것은 백3으로 막을 때 흑a나 b로 끊겠다는 뜻인데, 이런 엷음 때문에 실전에서는 백이 잘 두지 않는다.

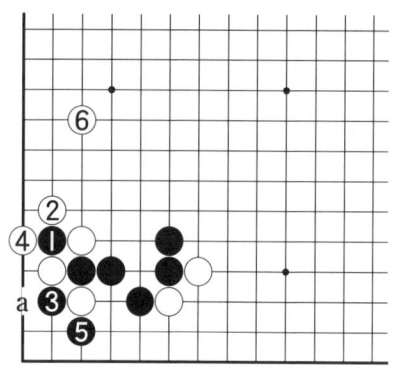

16도(흑, 변쪽 끊음)

흑1로 변쪽을 끊으면 대략 6까지 진행이 예상된다.

귀를 흑이 차지했지만 a의 맛이 남았고, 좌변 운영이 초점이라면 백도 불만 없다. 상황에 따라 백6은 하변에 둘 수도 있다.

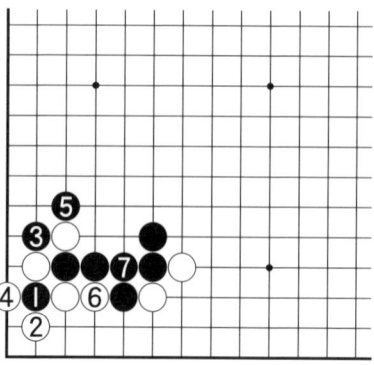

17도(귀쪽 끊음)

15도 다음 흑1로 귀쪽을 끊으면 이하 7까지 변의 한점을 잡을 수 있다.

흑이 좌변을 중시하면 이렇게 두는 것이 후수이지만 두텁고 효과적이다.

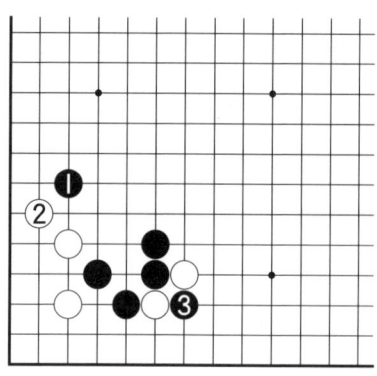

18도(변에서 차단)

흑은 백 모양을 직접 건드려서 결정짓지 말고, 흑1로 변에서 차단하는 것도 유력하다. 백2로 보강할 때 흑3으로 한점을 제압하면 흑이 두터운 결과이다.

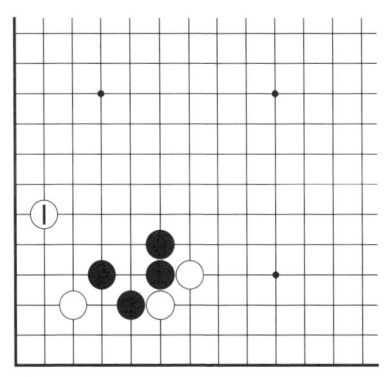

19도(백, 눈목자 행마)

이 대목에서 공간을 바라보는 안목이 예리한 AI는 백1의 눈목자 행마도 추천한다.

그동안 엷다고만 생각하던 수였는데 고정관념이었다. 자세는 낮지만 변에 더욱 빠르게 진출할 수 있다.

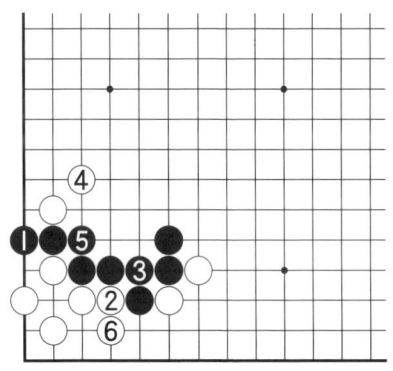

20도(꺼붙이는 맥 자리)

이때 흑1, 3으로 귀쪽을 끊으면 백4, 6으로 한점을 잡고 나서 ◎가 자연스럽게 꺼붙이는 맥 자리에 있다.

17도와 비교해도 백이 더욱 능률적인 흐름임을 알 수 있다.

21도(피장파장)

이다음 흑1로 차단할 때 백이 2, 4를 활용하고 6으로 귀를 확실히 살아두면 불만 없는 진행이다.

백도 약한 돌이 있지만 흑 모양도 무거워서 피장파장이다.

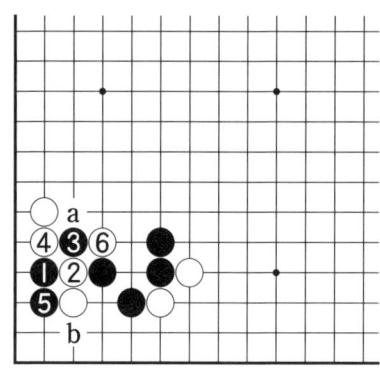

22도(침입 이후)

19도 다음 이곳을 흑이 확실히 차단하자면 1로 침입하는 것인데 그러면 백2, 4로 끊는다.

흑5, 백6 다음 흑은 a와 b의 선택이 있다.

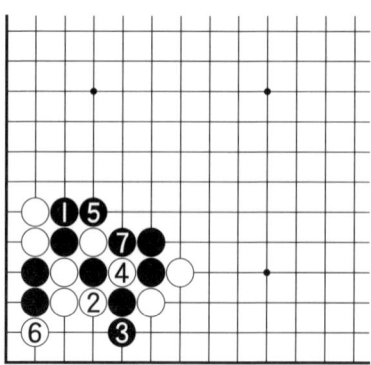

23도(흑, 나가는 경우)

흑1로 나가는 경우 백2 단수에 흑3에 빠진 후 7까지 일단락이다. 흑도 중앙 두점을 잡아 두텁지만, AI 안목에서는 귀를 선수로 차지한 백이 약간 기분 좋은 흐름으로 본다.

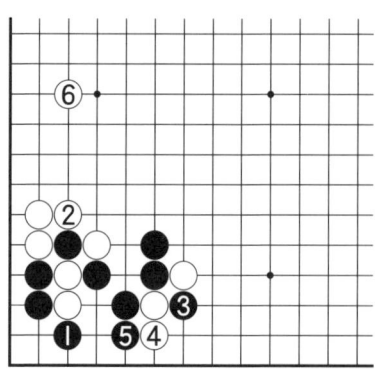

24도(유력한 방안)

22도 다음 흑1로 귀를 살리면서 3으로 하변을 정비하는 것이 유력한 방안이다.

백도 4로 키워 맛을 남기고 6으로 보강하면 서로 둘만하다.

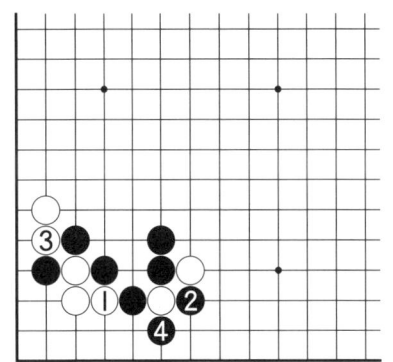

25도(백, 꼬부림)

22도 흑3 때 백1로 꼬부리면 흑은 2로 하변을 제어하는 것이 우선이며, 백3에 끊을 때 흑4의 빵따냄도 두터운 자리이다. AI는 서로 대등한 타협으로 본다.

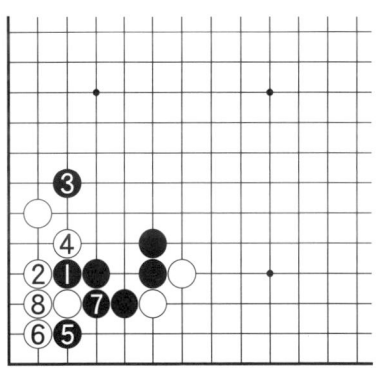

26도(흑, 씌우면서 약점 노림)

이곳은 흑이 직접 공략하지 말고 1, 3으로 씌우면서 약점을 노리는 것도 유력하다.

백4로 보강하면 흑5, 7을 활용해 귀를 정리한 후 큰 자리로 향하면 흑도 충분하다.

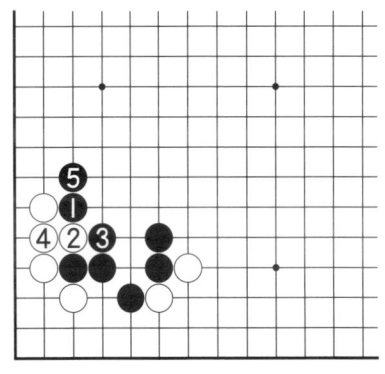

27도(흑, 두터운 선택)

AI 안목에서는 앞 그림 백2 때 흑1로 붙인 후 5까지 두텁게 두기를 권장한다.

흑이 후수이지만 활발하다는 것인데, 어쨌든 26도와 27도의 선택은 상황에 따른다.

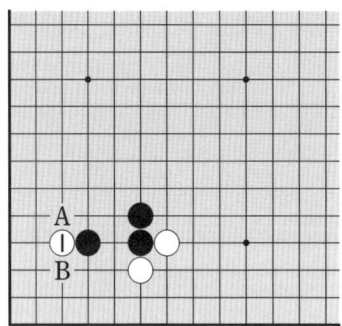

⊞ 장면

붙여뻗기 정석에서 백이 1로 하변의 본진을 이탈해서 상대의 옆구리에 붙여온 장면이다.

상도를 벗어난 행마이지만, 우선 흑A는 백B로 노림에 걸려든다. 흑의 응징책은 무엇인지 생각해보자.

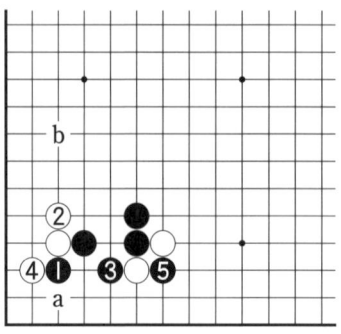

1도(백의 의도)

흑1로 귀에서 젖히면 단순하다. 백2로 늘고 나서 5까지 AI가 제시하는 변화인데, 흑이 불리하지 않지만 백의 의도대로 흘러간 느낌이다.

수순 중 백4에 흑a는 백b로 벌려 백의 의도가 완전히 충족된다.

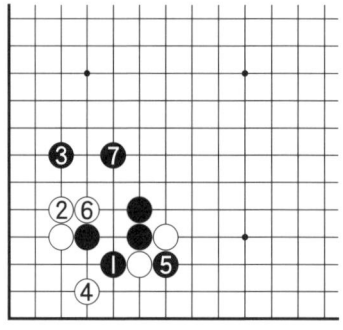

2도(흑, 우세)

흑1의 호구 막음이 백의 의도를 분쇄한다. 백2로 변에 나갈 때 흑3으로 앞길을 차단한다.

백4로 귀에서 살면 흑5가 선수이고 7로 포위해서 흑 우세의 진행이다.

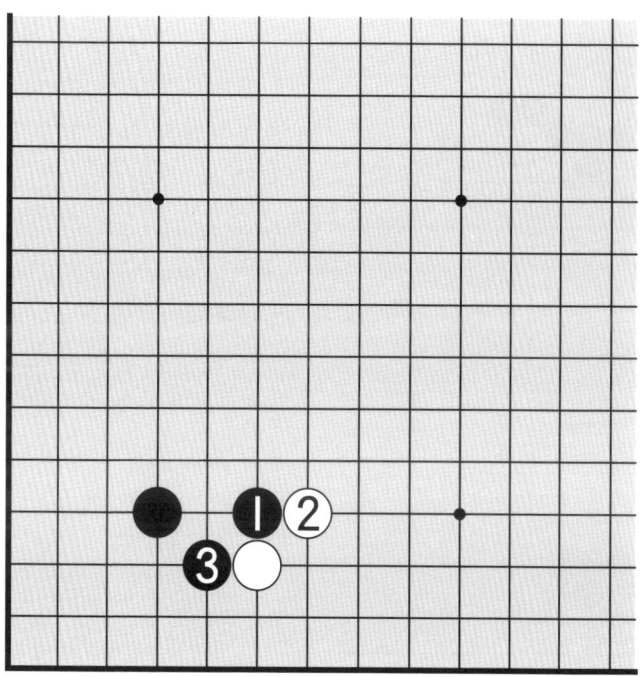

　흑1, 3의 붙여막기는 귀의 실리를 중시하는 실전적 수단인데 한때 세계 바둑계를 주도했던 이창호가 즐겨 사용하면서 유행했던 정석이기도 하다.

　AI의 등장으로 현재 마늘모붙임은 유행하고 붙여막기는 거의 두지 않지만, 때에 따라 선택도 가능하므로 핵심 변화에 대해 알아본다.

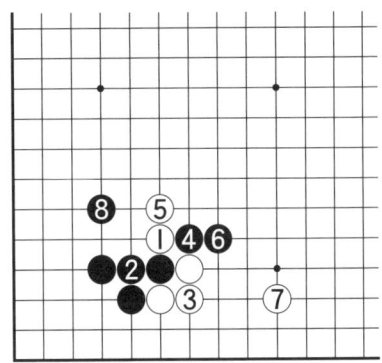

1도(백, 불만)

일단 백1의 단수 한방은 기분 좋다. 다음 백3의 변쪽 이음이면 흑4의 끊음으로 싸움이 일어나는데, 8까지 예상할 때 흑의 귀는 강한 반면 끊어진 양쪽 백은 빈약하므로 백 불만이다.

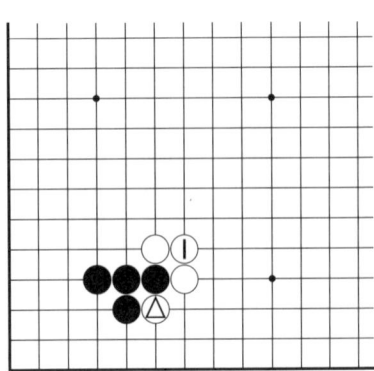

2도(두터운 이음)

앞 그림 흑2 때 백이 잇는다고 하면 1로 중앙 쪽을 선택하는 것이 두텁고, △는 가볍게 처리한다는 자세가 바람직하다.

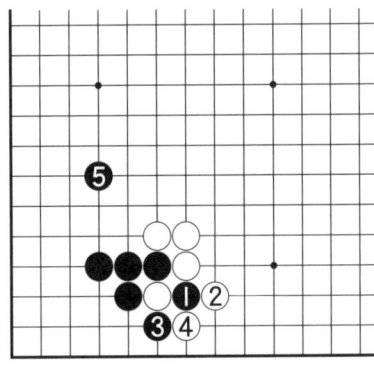

3도(백, 하변 중시)

이다음 흑은 1, 3으로 한점을 잡는 것이 크다.

　백이 하변을 중시하면 4로 단수치는 것이 힘차며, 흑은 5로 좌변에 벌리는 것이 우선이다.

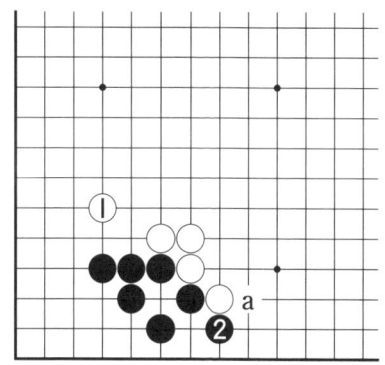

4도(백 좌변 중시)

앞 그림 흑3 때, 백이 좌변을 중시하면 1로 자연스럽게 요소를 차지한다.

흑도 2의 젖힘이 힘차며, 백도 a의 대응은 발이 늦고 큰 자리로 향하는 것이 바람직하다.

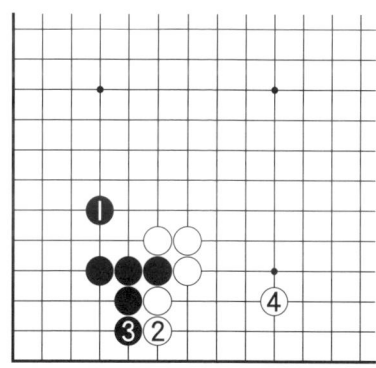

5도(흑, 좌변 중시)

2도 다음, 흑이 좌변을 중시하면 1로 변에 먼저 뛴다. 백은 2로 내려서는 수가 요소이다.

다음 흑3에 받으면 무난해도 백4로 벌리는 자세가 기분 좋다.

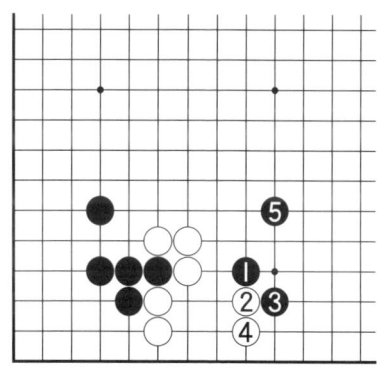

6도(능동적 공격)

앞 그림 백2 때 흑1로 다가서는 것이 능동적 공격이다. 백이 싸움을 피하자면 2, 4로 근거부터 확보하는 것이 알기 쉽다. 흑은 5의 지킴이 가벼운 행마이다.

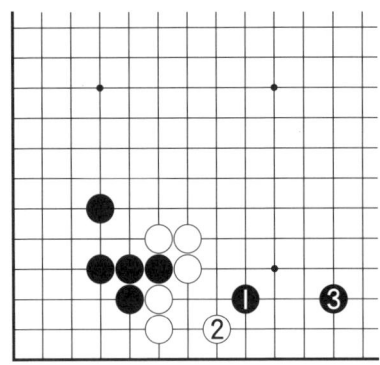

7도(낮게 다가서는 경우)

흑1로 낮게 다가서는 것도 일책
이다. 백2는 무난한 지킴이며 흑
3에 벌리는 흐름이 자연스럽다.

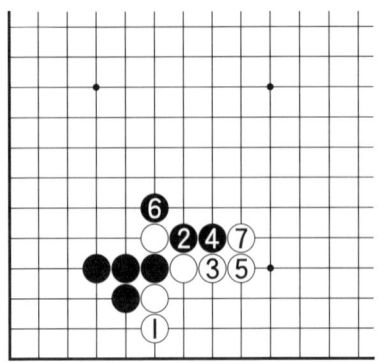

8도(두터운 꼬부림)

되돌아가서 1도 흑2 때, 백1로
내려서는 수는 중앙은 끊기더라
도 귀를 엿보며 변에서 안정된
모양을 갖추려는 유력한 수단이
다. 흑2로 끊은 후 6까지 한점을
잡으면, AI 안목에서 백7 꼬부림
이 두터운 요소로 본다.

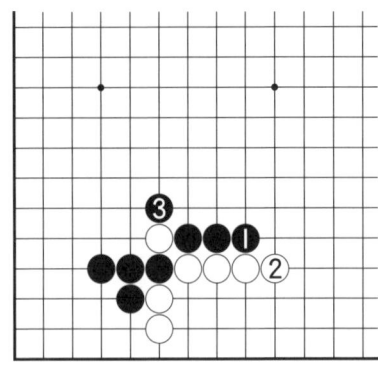

9도(흑, 중앙 중시)

보통 AI는 중앙을 중시하는 경향
이 높다.

이에 따라 앞 그림 백5 때 흑
이 1로 하나 더 밀고 나서 3으로
잡는 것을 권장한다.

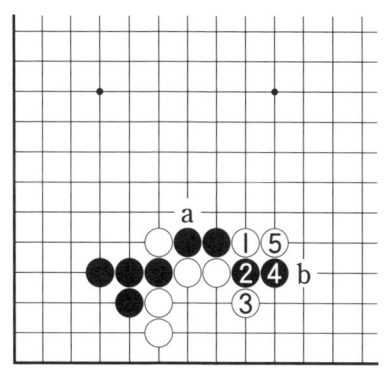

10도(백이 젖히는 경우)

8도 흑4 때, 백도 중앙 두터움을 중시하면 1의 젖힘이 효과적이다. 이때 흑2로 끊고도 싶지만 백3, 5로 몰면 a와 b가 맞보기로 축에 걸리니 흑이 곤란하다.

물론 중앙 축이 백한테 유리할 때 이런 수를 구사해야 한다.

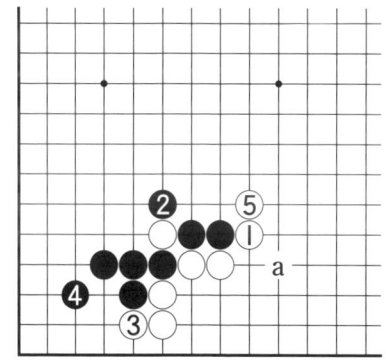

11도(힘찬 행마)

따라서 백1 젖힘에는 흑2로 한점을 잡는 것이 순리이다.

백3의 꼬부림은 응수타진인데, 흑4로 받으면 백5로 올라서는 것이 힘찬 행마이다.

백이 하변을 중시하면, 백5로 a 지킴도 안정적 행마이다.

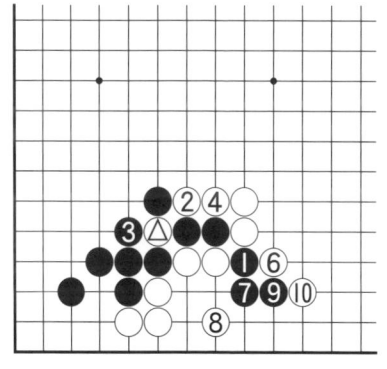

12도(흑, 무리한 끊음)

이다음 흑1로 끊는 것은 무리이다. 백이 2, 4로 활용해서 중앙을 두텁게 한 후 6 이하 10까지 몰아가면 흑이 곤란하다.

❺‥△

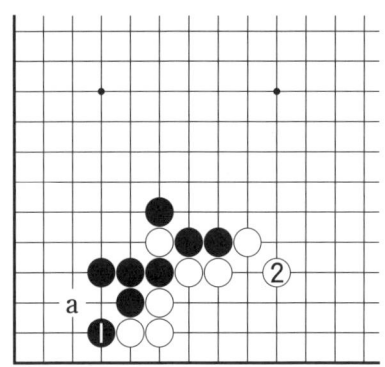

13도(흑의 부담)

11도 백3 때 흑1로 막으면 이때는 백2로 변을 안전하게 지키는 것이 올바르다.

그런 후 a쪽 활용 수단이 남기 때문에 흑의 부담이다.

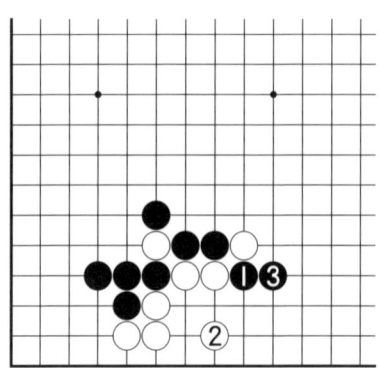

14도(흑의 반격)

11도 백3 때, 흑이 중앙 운영에 자신 있다면 1로 끊어 반격할 수 있다. 백2로 지키고 흑3에 늘어 다음은 서로 전투력에 달려있다.

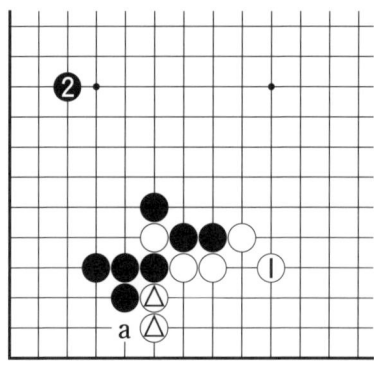

15도(백, 현명한 지킴)

백이 중앙 싸움을 피하려면, 11도 흑2 때 백1로 지키는 것이 현명하다. 그러면 8도와 비슷한 형태이지 않는가.

다음 흑a면 백△ 두점을 노리지만 초반에는 크지 않다. 차라리 흑2로 벌리는 것이 효과적이다.

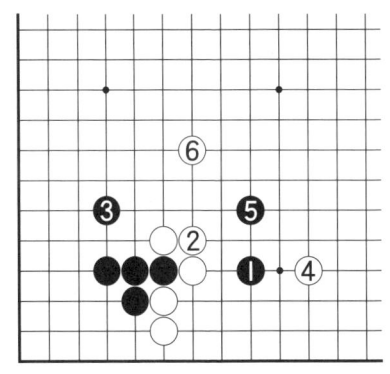

16도(통째로 공격)

이 시점에서, 흑1로 다가서는 수는 백 전체를 통째로 공격하며 하변을 주도하려는 의도이다.

백2로 이으면 6도와 같은 흐름인데, 흑3에 백은 4, 6으로 동행하며 싸울 수도 있다.

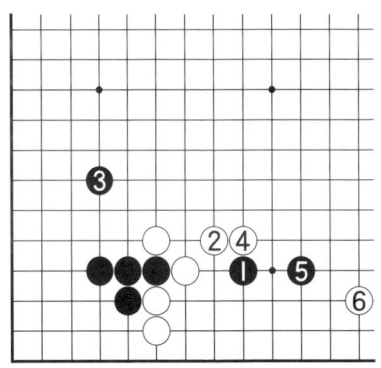

17도(활발한 호구)

흑1로 다가설 때 백이 2로 호구치고 4로 누르면 중앙에서 활발하게 둘 수 있다. 흑5에는 백6으로 압박해서 하변도 백이 주도하는 흐름이다.

실전에서는 흑5 대신 보다 가벼운 행마를 구상할 수도 있다.

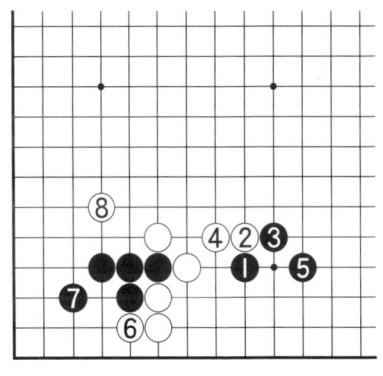

18도(유력한 붙임)

흑1에 백2의 붙임도 유력한 강수이다. 흑이 3, 5로 받아 후수가 되면 백이 6, 8로 귀를 압박해서 만족이다.

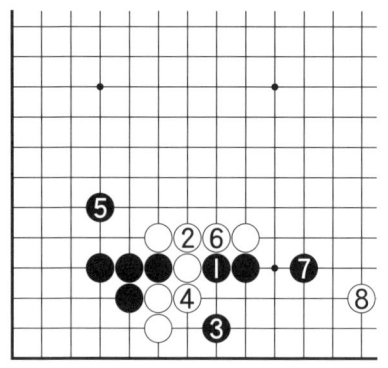

19도(교묘한 응수타진)

흑은 1로 치받는 것이 교묘한 응수타진이다. 백은 2로 잇는 것이 무난하며, 흑은 3을 활용한 후 5로 귀를 지키는 것이 용의주도한 수순이다. 백도 6으로 틀어막는 것이 두터우며, 흑7에 백8로 압박해서 백이 국면을 주도한다.

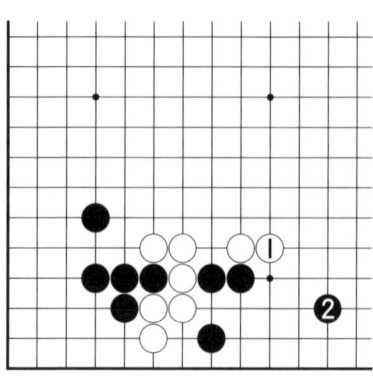

20도(백, 엷은 행마)

앞 그림 흑5 때, 백1로 늘면 흑2로 하변에 정착하는 리듬이 좋다.

중앙도 백은 엷은 맛이 남아 앞 그림보다 못하다.

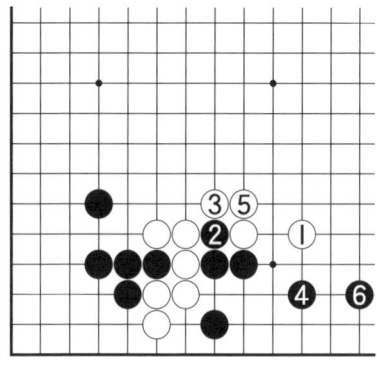

21도(흑, 알기 쉬운 정리)

백1의 뜀도 탄력적인 행마이지만 흑은 2로 나가 약점을 만들어 놓고 4, 6으로 알기 쉽게 하변 모양을 정리할 수 있다.

백도 선수로 두터움을 얻어 충분한데, AI 판단으로는 19~21도 중 가장 못하다.

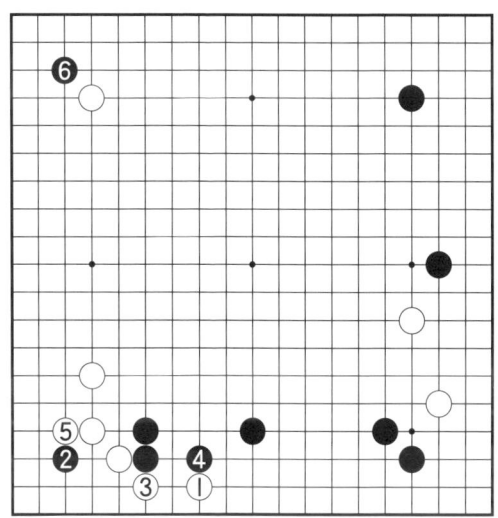

실전 1

이 포석에서 좌하귀는 AI시대 기본 정석이다.

백1의 하변 침투에 흑2로 즉각 3三에 침입했는데 이런 경우의 대응법 중 하나이다. 백3에 흑4로 변을 두텁게 방어하고 백5로 귀를 지킬 때, 흑이 손을 빼고 6으로 향했다.

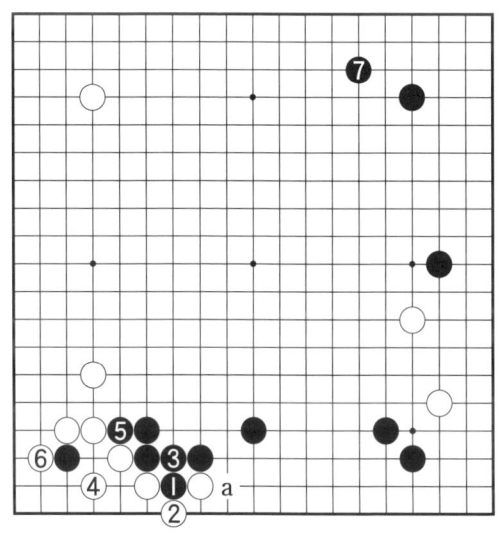

참고도(정석 마무리)

실전은 좌하귀에서 흑이 손을 뺐지만, AI는 이곳 정석의 마무리를 우선으로 한다.

그런 경우 흑1로 끼운 후 6까지 필연인데, 다음 흑은 a의 단수보다 우상귀 7의 굳힘을 큰 자리로 본다.

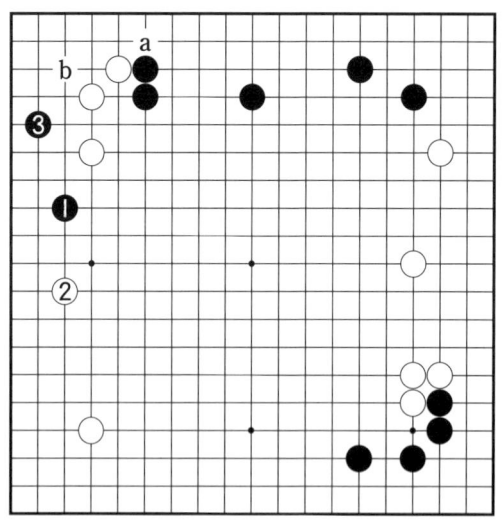

실전 2

이 포석에서 좌상귀가
초점이다.

흑1로 다가설 때 백
2로 협공하면 흑3의 눈
목자로 파고드는 것이
능동적이다.

다음 백은 a로 젖혀
변화를 모색했는데, AI
는 백b로 받아도 무난
한 수비로 판단한다.

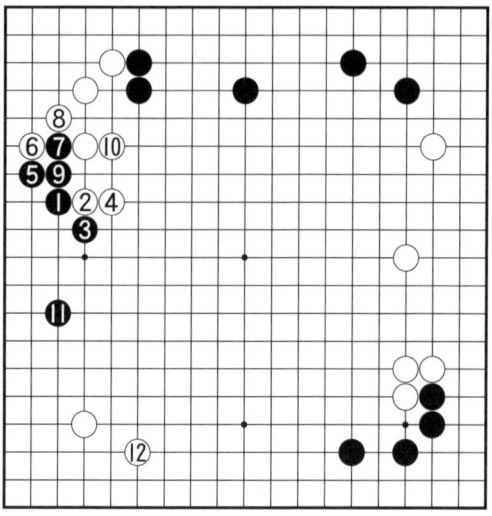

참고도(백, 수비 전략)

흑1에 백이 수비 전략
이라면 2의 붙임도 일
책이다. 흑3에 젖힌 후
11까지 AI가 제시하는
무난한 변화이다.

수순 중 백10의 쌍
립 지킴은 기억해둘 행
마법이며, 12로 차분히
굳히면 서로 어울린 형
세로 본다.

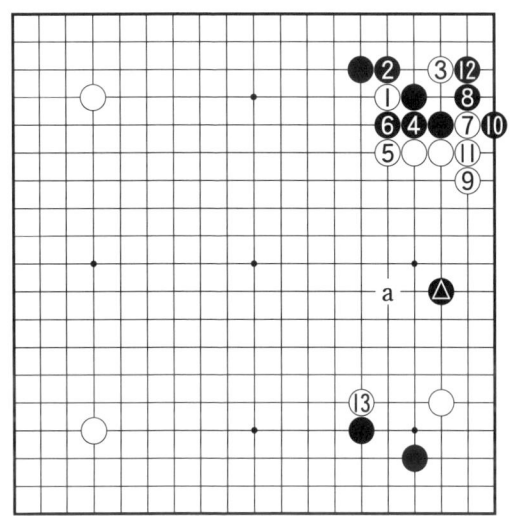

실전 3

이 포석에서 우상귀가 초점이다. 백1, 3의 침입은 상용 수법이다.

흑4에 백5로 늘면 이하 12까지 무난한 변화인데, 백은 두텁게 토대를 만든 후 흑△를 노리겠다는 의도이다. 백13은 사전 공작인데 a의 모자도 호점이다.

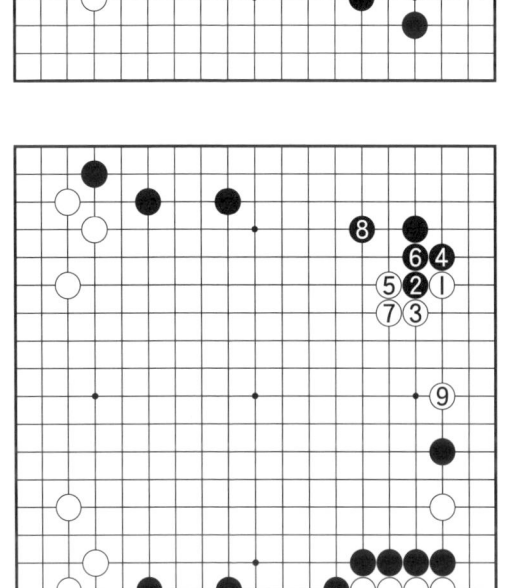

실전 4

상변과 같은 포석에서 백1로 걸치면 흑2, 4의 붙여막기 정석이 한때 유행했다. 이하 9까지 간명한 변화이다.

예전 포석이지만 우상귀 방면만 볼 때, AI도 일리 있는 진행으로 본다.

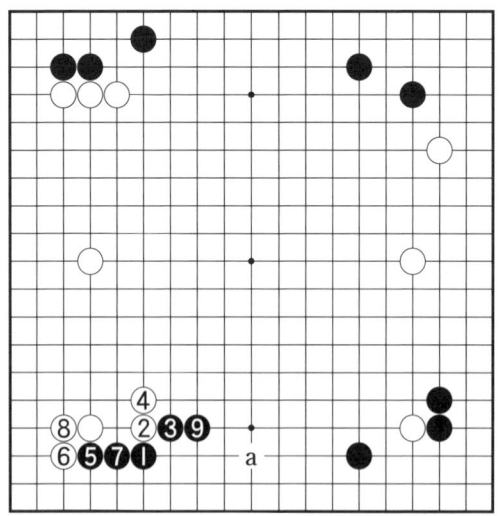

실전 5

AI시대 포석에서 흑1의 걸침에 백은 삼연성의 확장을 목적으로 2, 4의 붙여뻗기 정석을 시도했고, 9까지 서로 모양 대결이다. 흑9의 쌍점은 우하귀와 조화를 이루기 위함인데, AI는 백이 a로 침입하면 활발한 흐름으로 본다.

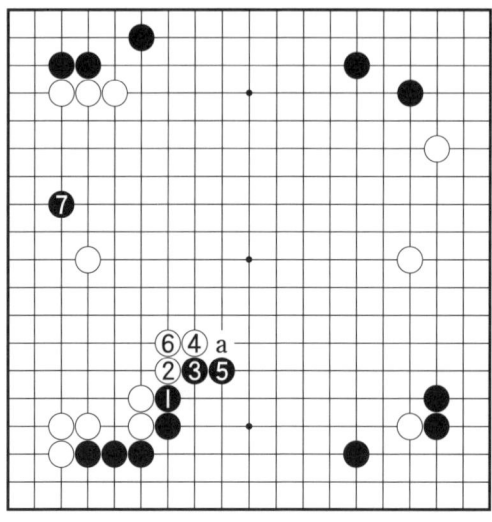

참고도(능동적 전략)

AI 안목에서 실전 흑9는 소극적 행마인데, 흑1로 밀어올린 후 6까지 중앙에서의 모양 대결을 제시한다. 그런 후 흑7로 침입하는 것이 흑의 능동적 전략으로 본다. 흑이 중앙을 더욱 중시하면 7로는 a의 꼬부림도 요소이다.

3부

AI 주특기
양걸침 정석

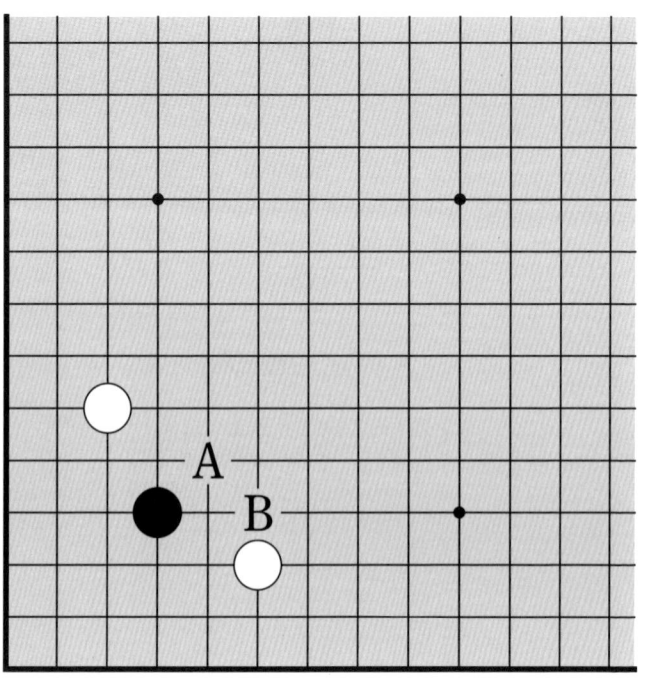

화점에서 백이 양걸침한 장면이다. AI시대에는 화점에 걸쳐도 손을 빼는 경우가 많아 이런 모양이 수시로 등장한다.

흑의 대응은 A의 마늘모와 B의 붙임이 있지만, A는 특별한 경우에 한정하며 B가 상용된다. 우선 이전에 많이 사용했던 변화에 대해 진단해본다.

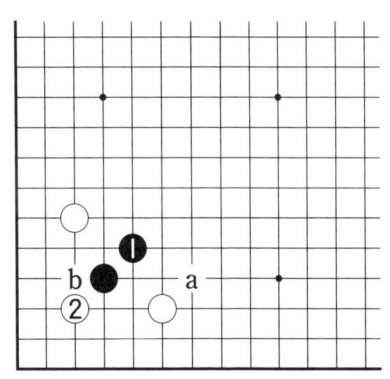

1도(손을 빼기 위한 마늘모)

흑1의 마늘모 행마는 가볍게 두려는 발상인데, 백2의 3三침입은 놓칠 수 없는 요소이다.

흑이 이곳에서 손을 빼려는 뜻으로 사용할 수 있다. 예전처럼 흑a로 한쪽을 씌우면 백b로 넘어가서 흑이 허술하다.

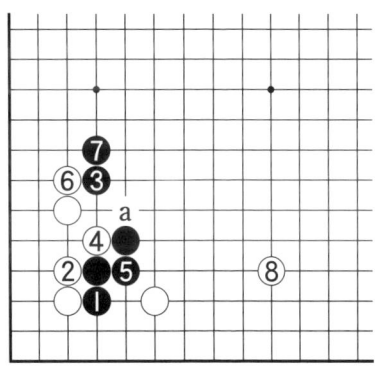

2도(흑, 축이 유리한 경우)

앞 그림 백2 때, 흑은 축이 유리하면 1, 3으로 막고 씌울 수도 있다. 백은 4 다음 a로 반격할 수 없기에 6, 8로 정리하면 AI 안목에서 타협된 결말이다.

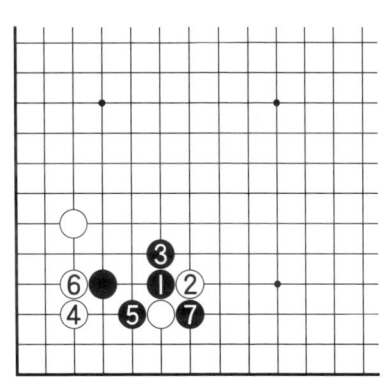

3도(상용 수단)

AI시대에는 흑1의 붙임이 대세이다. 백2, 4의 3三침입은 상용수단이지만 흑도 5, 7로 하변을 두텁게 제압하면 충분하다고 AI는 진단한다.

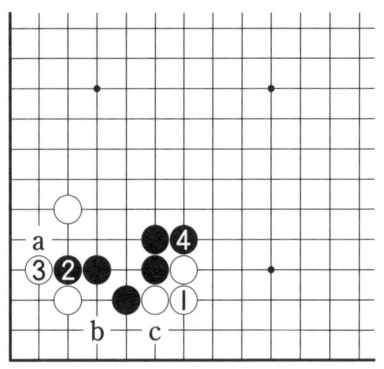

4도(흑, 두터운 진행)

앞 그림 흑5 때 백1로 잇고 흑2에 백3의 젖힘은 노림이 있다. 흑이 a로 젖히면 백이 귀와 하변을 연결해서 실리가 크다.

흑은 b나 c가 언제든 귀에 선수가 되므로 중앙에서 4로 꼬부려 두텁게 두면 충분한 진행이다.

5도(추천 변화)

앞 그림 흑2 때 백1, 3으로 귀에 파고든 후 좌변 5로 벌리는 것이 AI의 추천 변화인데, 서로 타협으로 본다.

백5의 세칸은 a가 귀에 선수로 작용하므로 가능한 벌림이다.

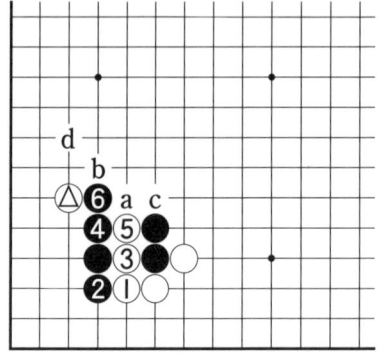

6도(흑, 만족)

3도 흑3 때 백1로 들어가면 흑2로 막는 것은 당연하다. 이때 백3으로 나와 끊으려 하면 흑4, 6으로 늦추며 백△를 제압해서 흑의 만족이다. 다음 백a면 흑b이고, 백c로 두점을 잡으면 흑d로 단속하는 것이 요령이다.

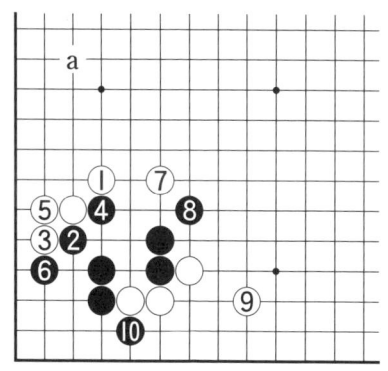

7도(예전 정석)

앞 그림 흑2 때 백1의 마늘모로 두면 흑2로 지킨 후 10까지 예전 정석 진행이다. 수순 중 흑10은 귀의 뒷맛을 없애기 위함이다.

　다음 백이 좌변을 보강한다면 a의 벌림이 적당한데, AI의 안목은 결과적으로 타협으로 본다.

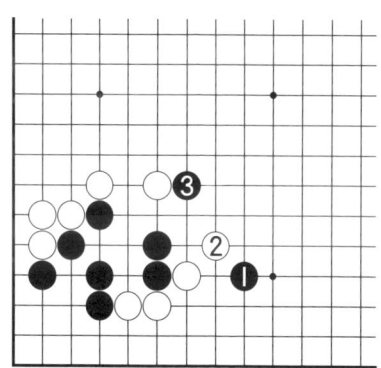

8도(흑, 활발한 싸움)

앞 그림 백7 때, AI 안목에서는 하변 흑1로 협공부터 한 후 3으로 붙여 양쪽을 제어하면 흑이 활발한 싸움으로 본다.

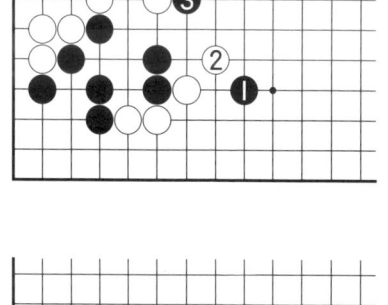

9도(흑, 중앙 젖힘)

7도 백5 때부터 AI는 흑1로 젖혀 중앙을 강화하는 것이 좋다고 한다. 백2로 단수치고 4로 늘면 흑5로 정비한 후 백6에 지킬 때 좌변 흑7로 압박해서 흑이 활발한 흐름으로 본다.

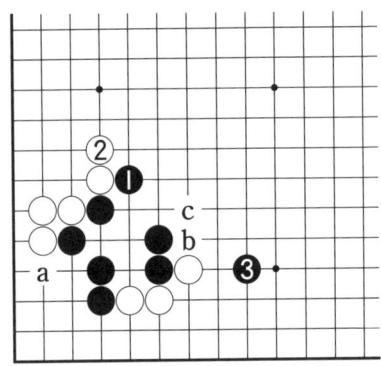

10도(공격 흐름)

흑1에 백2로 그냥 늘면 흑은 a로 막아봐야 뒷맛이 있으니 귀를 포기하고 3으로 하변을 공격하는 흐름이 된다. 다음 백b면 흑c의 젖힘이 제격이다.

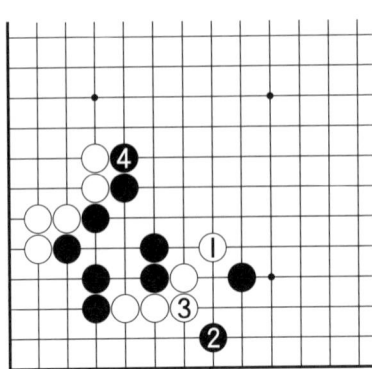

11도(흑, 국면 주도)

이다음 백1 마늘모로 나가는 것이 유연한데, 흑이 2를 활용한 후 4로 눌러가면 국면을 주도하는 흐름이다.

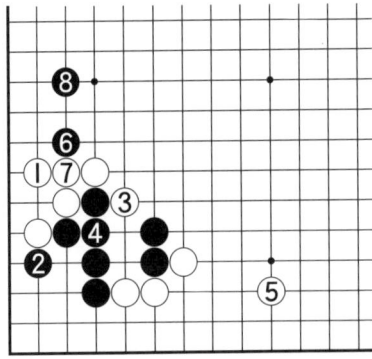

12도(백, 양호구 행마)

7도 흑4 때, 백1의 양호구 행마는 탄력적으로 모양을 갖춰 놓고 흑2면 백5의 벌림으로 향하려는 전략이다. 이때 백3은 어차피 귀의 뒷맛이 없으므로 결정해놓는다. AI 안목에서 흑이 6, 8로 공격하면 활발한 진행이다.

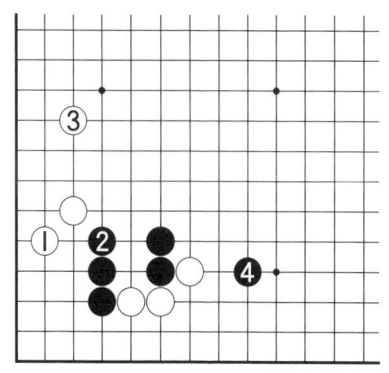

13도(2선 마늘모의 경우)

거슬러 올라가 6도 흑2 때, 백1
의 2선 마늘모로 귀를 엿보는 수
도 예전에 많이 두었다.

흑은 2의 쌍립 행마가 간명하
다. 이처럼 두텁게 지키고 나서
백3에 벌리면 흑4로 협공해서 국
면을 주도할 수 있다.

14도(날일자달림의 경우)

만일 백1의 날일자로 귀에 달리
면 흑2, 4로 눌러 등이 더욱 두터
워진다.

이를 배경으로 흑4로 협공하면
흑이 주도권을 잡는다.

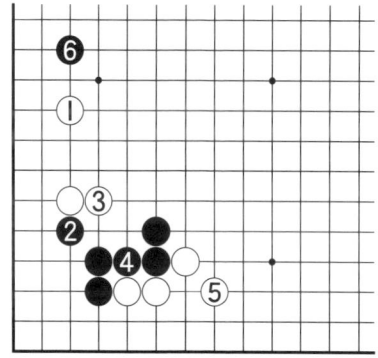

15도(백, 두칸벌림)

아예 백은 귀를 엿보지 않고 1의
두칸벌림도 생각할 수 있다.

흑은 2, 4로 귀를 방어하고 백
5로 지킬 때 흑6으로 협공하는
흐름이면 불만 없다. 상황에 따라
서로 이렇게 싸울 수 있다.

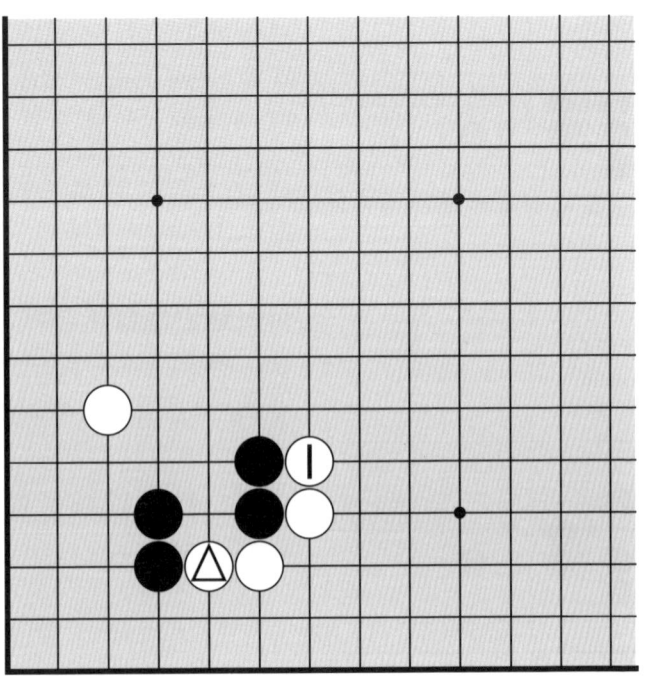

　양걸침 정석 과정에서 백이 △로 들어간 후 1로 밀어 올리는 것은 하변을 강화하면서 좌변도 처리하려는 능동적인 구상이다.

　흑도 힘에서 밀리면 백의 주문대로 흘러가므로 균형과 효율적인 사고가 필요한데, 이후의 변화에 대해 알아본다.

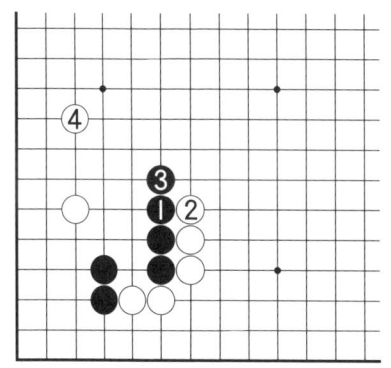

1도(흑, 단순한 사고)

흑1로 그냥 느는 것은 단순한 사고이다. 백은 내친김에 2로 한번 더 밀고 4로 벌리며 양쪽을 처리해서 충분하다.

흑은 일렬로 되어 능률이 떨어지는 모양이다.

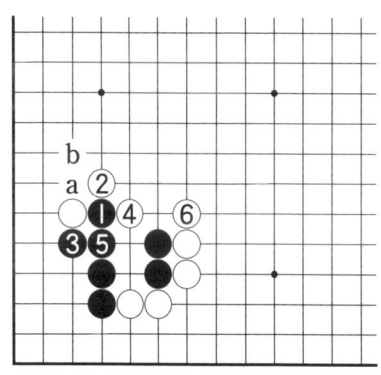

2도(흑의 간명책)

흑이 간명하게 두자면 1, 3의 호구 행마가 유력하다. 백4, 6으로 봉쇄해서 두텁지만, 백진에 뒷맛도 남았고 흑이 선수여서 충분하다. 다음 흑a로 잡는 것은 백이 b를 활용한 후 선수이므로 초반이라면 흑이 바람직하지 않다.

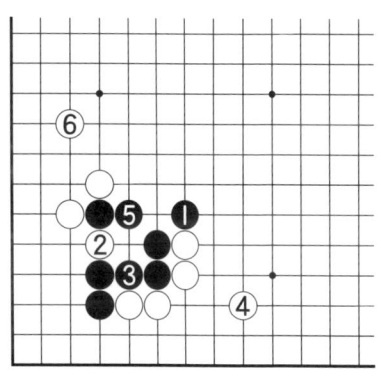

3도(흑, 중앙 젖힘)

앞 그림 백2 때 흑1의 젖힘은 중앙으로 머리를 내미는 요소로 그동안 많이 두었던 수단이다.

백은 2 이하 6까지 수순으로 양쪽 변을 정비해서 충분하다.

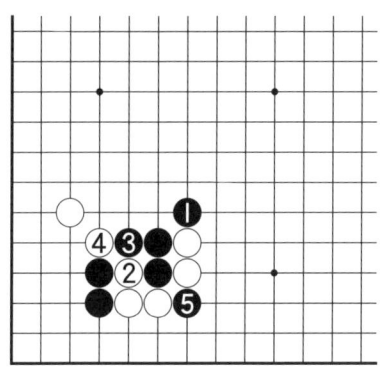

4도(끊으면 끊는다)

처음으로 돌아가서, 흑은 축이 유리하면 1의 젖힘부터 둘 수도 있다. 백2, 4로 끊는 것이 겁나지만 흑도 5의 끊음을 준비한다.

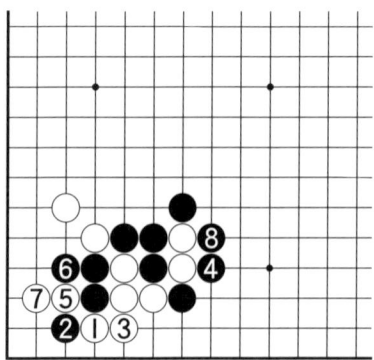

5도(흑이 우세한 바꿔치기)

이다음 백1, 3으로 젖혀이을 때 흑4로 두점을 축으로 잡는다. 이하 8까지 바꿔치기인데, 귀의 백 실리도 크지만 거북등따냄을 한 흑의 두터움이 위풍당당하다.

　　AI 안목에서는 흑이 단연 우세한 흐름으로 본다.

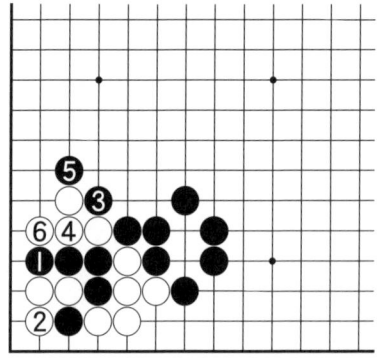

6도(좌변 활용)

차후 좌변에서 흑1을 선수한 후 3, 5로 활용할 수 있는 것도 흑의 자랑이다.

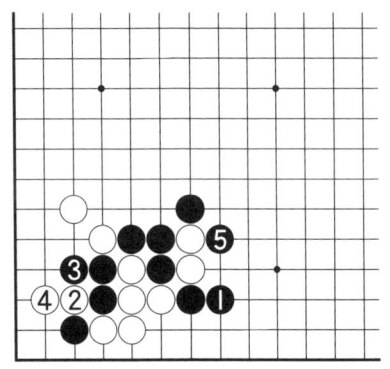

7도(흑, 축이 불리할 경우)

5도 백3 때, 흑은 축이 불리하면 1로 늘고 이하 5까지 두점을 잡아도 타협이 된다.

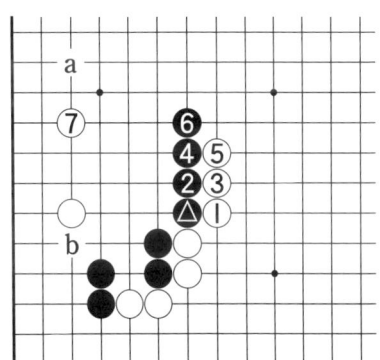

8도(중앙 밀어가는 변화)

흑▲ 때 백1 젖힘이 무난하며 힘찬 행마이다. 흑2로 늘면 백3, 5로 밀고 7의 벌림으로 좌변까지 처리할 수 있다.

백도 상황에 따라 a나 b를 선택하면 서로 어울린 흐름이다.

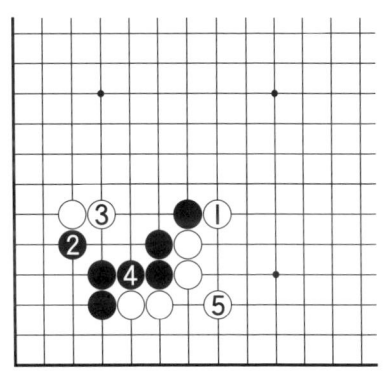

9도(흑, 귀부터 처리)

흑이 중앙에서 밀리기 싫다면, 백1에 흑2, 4로 귀부터 처리해 기반을 세운 후 백5로 지킬 때~

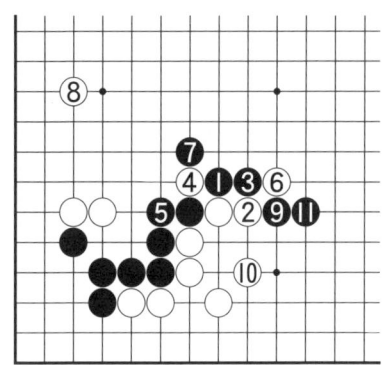

10도(흑, 국면 주도)

흑1 이단젖힘이 힘찬 행마이다. 이하 7까지 경합하고 나면 백도 좌변 8의 벌림이 우선이다.

다음 흑9, 11로 끊고 싸우면 AI 안목에서 흑이 국면을 주도하는 흐름으로 본다.

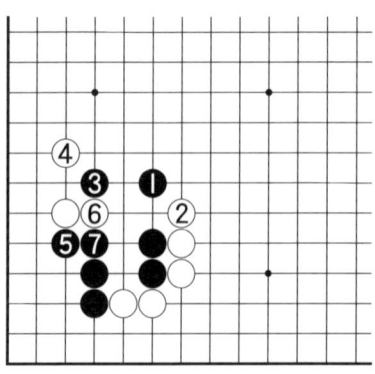

11도(가볍고 유연한 뜀)

처음으로 돌아가서, 흑1의 뜀은 가볍고 유연한 행마로 AI의 추천 목록에 들어있다. 백2로 추궁하면 흑3의 어깨 짚는 수가 준비되어 있다. 백4에 흑은 5, 7로 우직하지만 귀도 지키면서 중앙과 연결해 충분히 둘 수 있다.

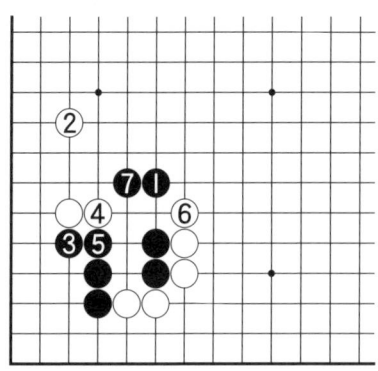

12도(백, 좌변 벌림)

흑1에 백2로 좌변부터 벌려도 흑3, 5로 연결하며 귀를 지키는 것이 견실하며, 앞 그림과 같은 맥락이다. 백6에는 흑7로 단단히 연결하며 좌변 백진의 엷음을 노리면 흑이 둘만한 흐름이다.

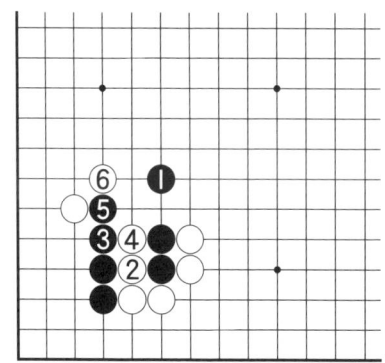

13도(백, 감아올림)

흑1에 백2로 뚫으면 흑3으로 늦추는 것이 행마의 요령이다.

백이 계속 나가면 손해이지만 4, 6으로 감아올리는 방법은 생각할 수 있다.

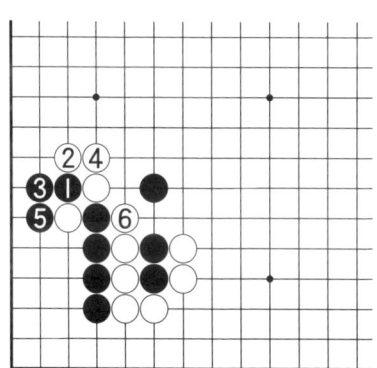

14도(흑, 실리 중시)

이다음 흑이 실리를 중시하면 1로 끊는다.

백2, 4를 활용한 후 6으로 막으면 봉쇄되지만, AI는 흑도 선수를 잡아 충분한 결과로 본다.

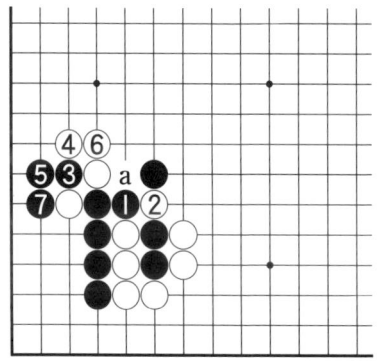

15도(흑이 나가는 경우)

흑이 봉쇄를 피하자면, 13도 다음 흑1로 나가는 것이 보통이다.

백2로 두점을 따내면 흑3 이하 7까지 한점을 잡아 충분하다. 다음 백도 a의 끊음은 효과가 떨어지므로 좌변이나 하변으로 국면을 넓게 사용하는 것이 현명하다.

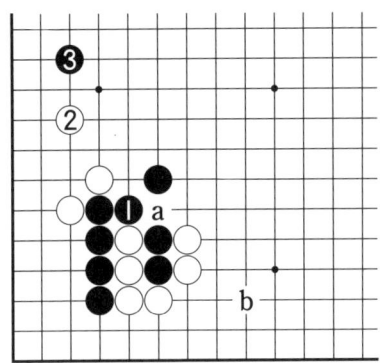

16도(백, 좌변 벌림)

흑1에 나갈 때 좌변 백2로 먼저 벌리면 흑3으로 공격해서, AI는 흑이 국면을 주도하는 흐름으로 본다. 이후 상황에 따라 흑a의 이음, 백b의 지킴은 필연이다.

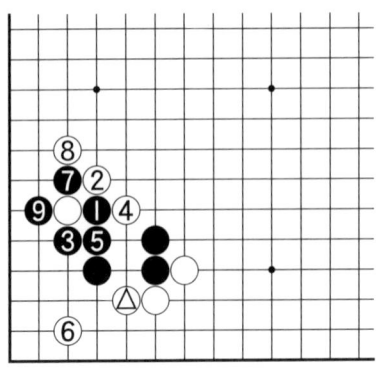

17도(흑의 일책)

흑이 단순한 변화를 원한다면, 백 △로 들어올 때부터 흑1로 붙인다. 백도 2, 4 활용 후 6으로 귀에 파고드는 것이 행마의 리듬이다. 흑7에 백8을 활용하고 손을 빼는 것이 초반에는 효율적이다. 흑이 때에 따라 둘만한 변화이다.

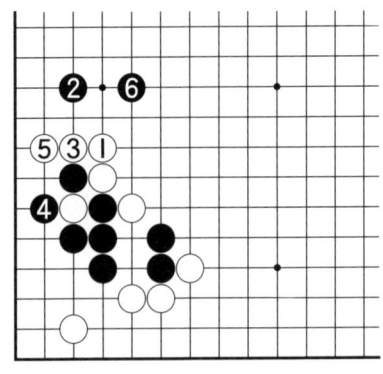

18도(흑의 공격)

앞 그림 흑7 때 백1로 늘면, AI는 흑2로 백3, 5를 유도하는 변화를 제시한다.

그런 후 흑6으로 무거워진 백 전체를 공격하면 흑이 국면을 주도하는 흐름으로 본다.

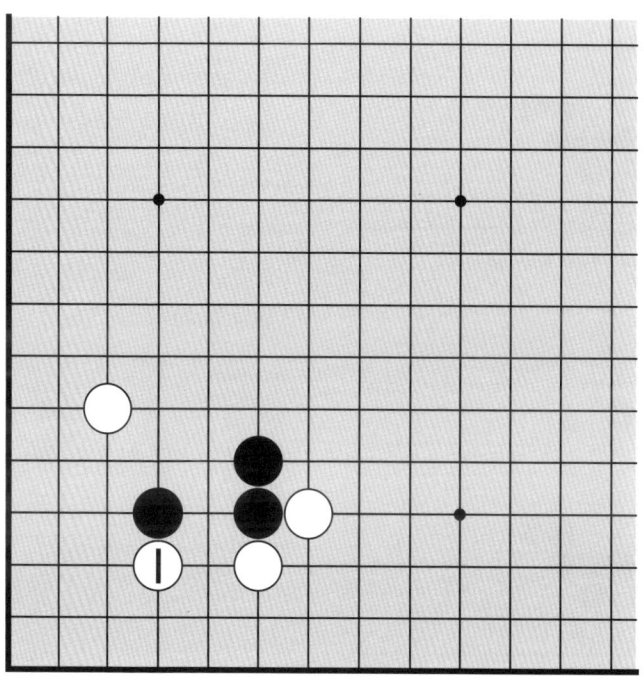

　이번에는 백1로 귀의 화점에 붙이는 경우이다. 최근 AI시대에 가장 많이 두는 수단인데, 어디까지나 백은 좌우 양쪽을 효율적으로 처리하려는 의도가 강하다.

　흑도 상황에 따라 귀나 변의 선택이 가능한데, 이후의 변화에 대해 알아본다.

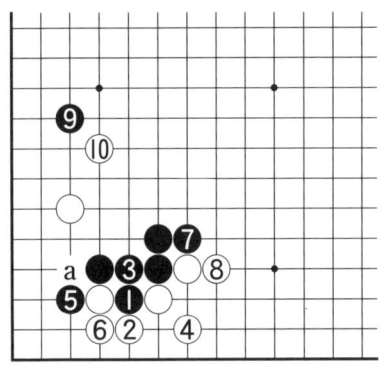

1도(흑, 끼워이음)

우선 흑1, 3으로 끼워 잇는 선택은 찬성할 수 없다. 이하 8까지 상용 수순이고 흑9로 협공해도, 이 진행은 흑이 불만이다.

백은 하변이 두터운 모양이며, 당장 10으로 움직여 싸울 수 있고 a의 맛도 남아있다.

2도(대동소이)

앞 그림의 흑9 대신 1의 높은 협공이면 중앙을 통제할 수 있지만, 이번에는 백2가 요소이다.

a의 맛도 여전해 흑의 불만은 앞 그림과 대동소이하다.

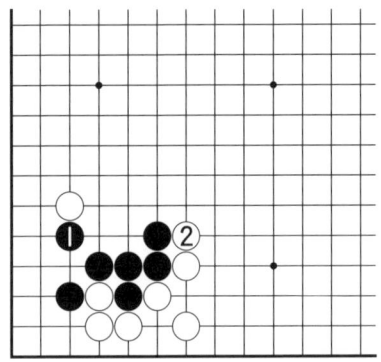

3도(흑, 귀부터 지킴)

1도 백6 때, AI 안목에서는 흑1로 호구쳐 귀부터 지키는 것이 그나마 최선으로 본다.

백2로 밀어 올리면 백도 두터워 불만 없다. 다음 흑은 하변 어딘가에서 백의 두터움을 견제하는 것이 행마의 리듬이다.

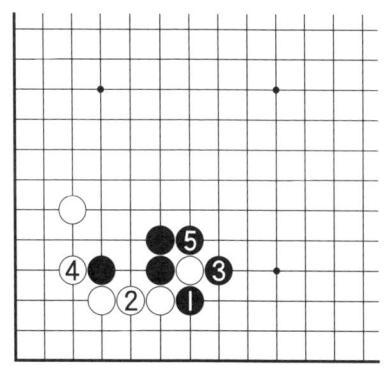

4도(흑, 하변 운영)

처음으로 돌아가서, 흑이 하변을 운영하고 싶다면 1로 끊고 3으로 한점을 잡는다. 물론 이 축은 흑이 유리해야 한다.

　백이 귀를 제압할 때 흑은 5로 따내야 완전하다. 백 실리에 흑도 두터움으로 대항해 충분하다.

5도(흑, 호구 지킴)

흑은 1로 귀에서 받는 것이 보편적이다. 백2에 흑3의 호구는 귀를 안전하게 지킬 때 사용하지만 대신 a에 약점이 남아 엷다.

6도(쌍립 수비)

이다음 좌변 백1로 벌리면 흑2의 쌍립 수비가 좋은 모양이다.

　백이 3으로 하변도 벌리면 서로 무난한 진행이다.

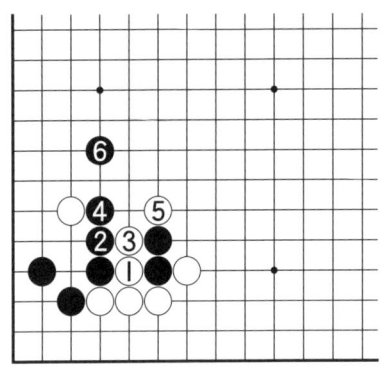

7도(백의 중앙 도모)

5도 다음 당장 백이 중앙을 도모하고 싶다면 1로 나가 5까지 두 점을 제압할 수 있다. 흑도 좌변 실리가 늘어나서 불만 없다.

백의 중앙 두터움이 국면을 압도하는 상황이라면 이런 도발에 흑도 조심해야 한다.

8도(백, 난처)

5도 백2 때 흑1의 붙임은 좌변에서 안정하려는 수단이다.

이때 백2, 4로 타고 가며 약점을 찔러도 흑5에 백6으로 지켜야 하는데, 흑7로 공격하면 좌변 백이 쫓겨 난처하다.

9도(좌변에서 맞대응)

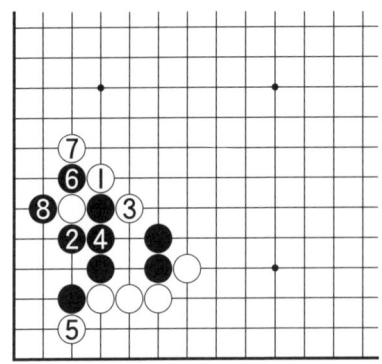

백도 좌변에서 맞대응하자면 1로 젖히는데 이하 8까지는 AI가 추천하는 수순이다.

수순 중 백7 단수는 이렇게 활용해놓고 손을 빼겠다는 의도인데, 서로 타협된 결과이다.

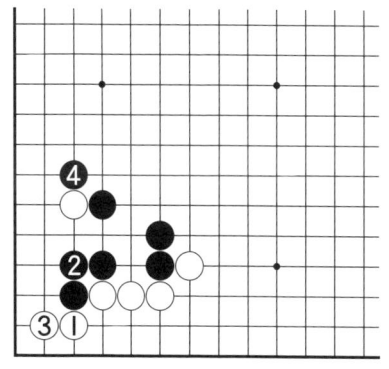

10도(백, 불만)

백은 맞대응하지 말고 귀의 약점을 공략하는 것이 가장 무난하다.

다만 백1, 3으로 바로 귀에 파고들어 실리를 취하면, 흑4로 한 점을 깨끗하게 제압해서 백의 불만이다.

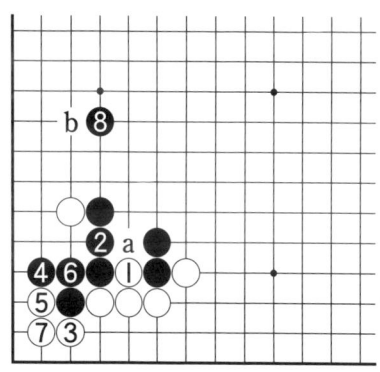

11도(행마의 요령)

따라서 백이 귀쪽을 두자면 1로 찔러놓고 흑2로 물러서야 할 때 a의 맛을 남긴 다음 백3으로 젖히는 것이 행마의 요령이다.

그러면 8(또는 b)까지 서로 귀와 변에 안정해서 타협한다. AI시대 많이 등장하는 정석이다.

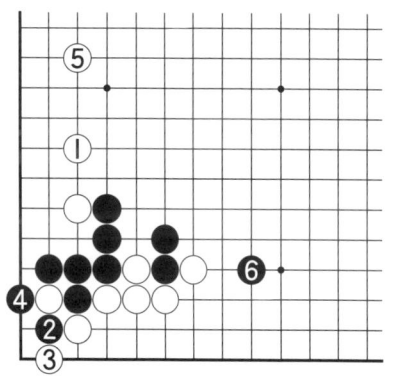

12도(백, 좌변 중시)

앞 그림 흑6 때, 백이 좌변을 중시하면 1로 움직인다.

흑2, 4로 한점을 잡는 것은 근거의 요소이다. 백5로 좌변을 넓힐 때 흑도 6으로 협공해 하변에서 국면을 주도하면 불만 없다.

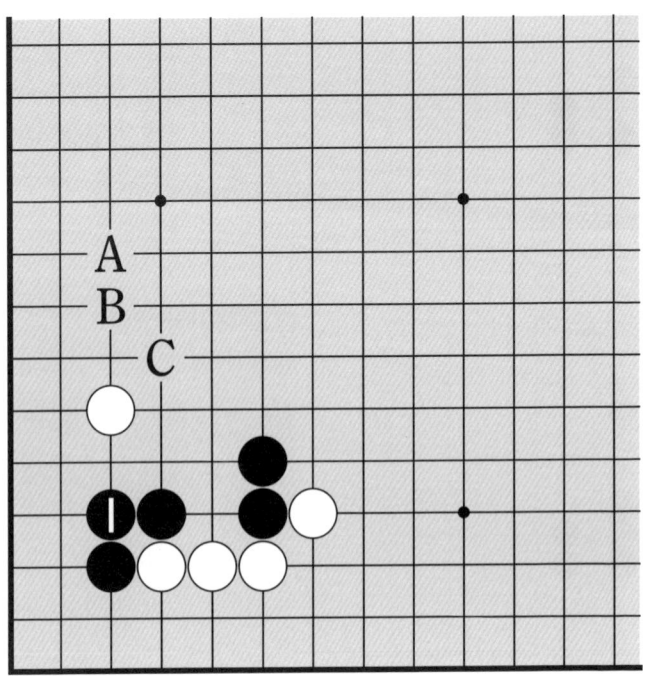

　흑이 귀를 기반으로 싸우겠다면 1로 꽉 잇는 것이 단단하며 AI시대 가장 많이 등장한다.

　백은 좌변부터 움직이는 것이 우선이며, 상황에 따라 A~C를 선택하는 것이 보통이다. 이에 따른 변화에 대해 알아본다.

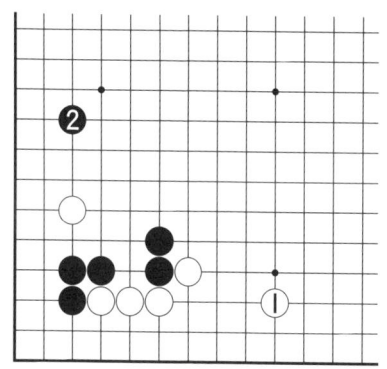

1도(백, 하변 벌림)

먼저 백이 1로 하변부터 벌리면, 좌변 흑2로 협공해서 AI는 흑이 활발한 흐름으로 본다.

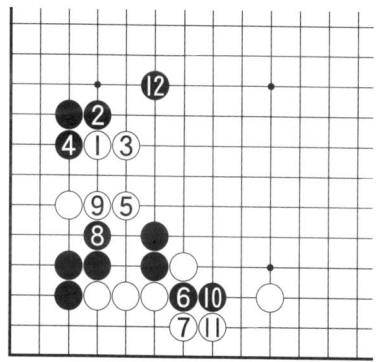

2도(흑, 빛나는 공격)

이다음 백1로 나가면 흑2, 4 다음 6의 끊음은 공격하기 전의 활용이다.

백7로 물러설 때 흑8, 10을 활용한 후 12로 추격하면 흑의 공격이 빛나는 진행이다.

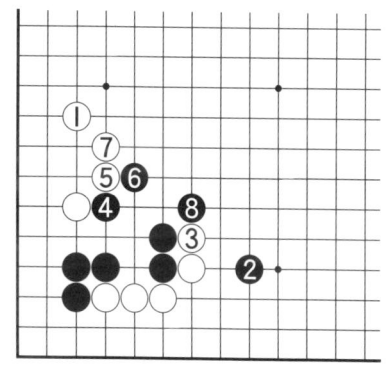

3도(백, 두칸벌림)

백도 좌변부터 움직여야 효과적이다. 백1의 두칸벌림은 좌변 방면의 흑세가 강할 경우 주로 사용한다. 흑은 2로 협공한 후 백3에 흑4, 6이 리듬을 타는 행마인데, 백7에 늘면 흑8의 젖힘으로 추궁하면서 싸움이 확산된다.

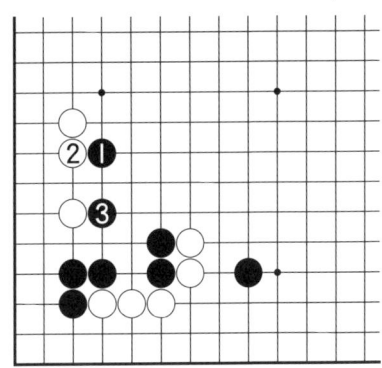

4도(유연한 수법)

앞 그림 백3 때 흑은 1, 3으로 위에서 눌러가는 것도 유연한 수법이다. 백도 좌변은 약세이지만 하변에서 강하게 싸울 수 있다.

　3도와 4도는 상황에 따른 싸움의 선택으로 일장일단이 있다.

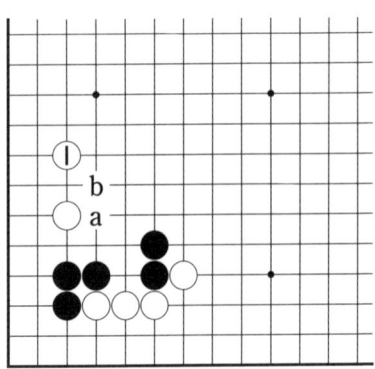

5도(백, 한칸벌림)

백1의 한칸벌림은 좌변 방면의 백세가 강할 경우 주로 사용하는데, 흑a로 붙일 때 백b의 호구치는 자세가 좋다는 뜻이다.

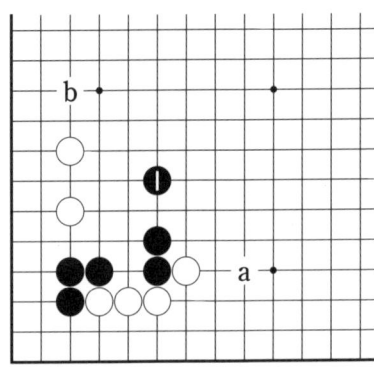

6도(흑, 무난한 뜀)

흑이 가장 무난하게 두자면 1로 뛴다. 강한 맛은 없어도 한칸뜀에 악수 없다는 격언대로이다.

　이렇게 중앙에 기반을 마련한 후 흑은 a와 b의 협공을 노리며 싸우겠다는 뜻이다.

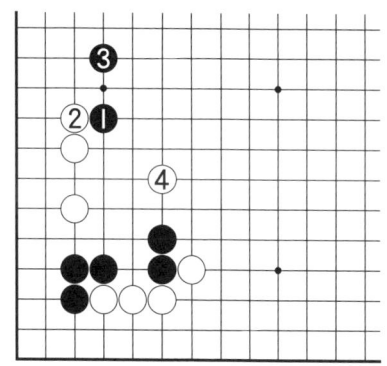

7도(흑, 어깨짚음)

5도 다음 흑1의 어깨짚음도 유연한 대응이다.

백2에는 흑3으로 뛰어 좌변 백세를 견제한다는 뜻이다. 그러면 백4로 진출하며 싸우는 흐름이 예상된다.

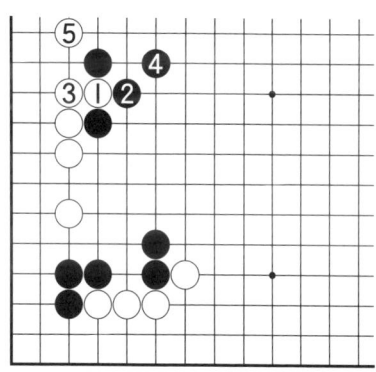

8도(백, 좌변 진출)

앞 그림 흑3 때, 백은 1로 끼운 후 5까지 좌변으로 진출할 수도 있다.

좌상 방면에 흑세가 있다면, 백은 삭감하는 뜻으로 이렇게 두는 것이 적절하다.

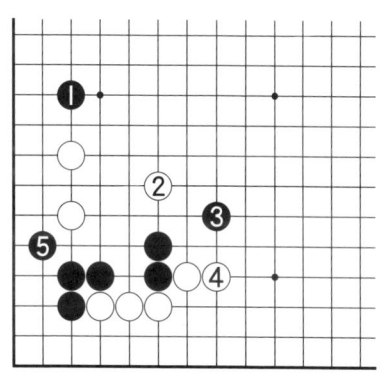

9도(좌변 흑세가 좋은 경우)

만일 좌상 방면에 흑세가 좋으면 흑1의 압박도 효과적이다.

백2로 진출하면 흑3을 선수해 중앙에 기반을 만든 후 5로 근거의 요소를 선점하며 흑이 싸움을 주도할 수 있다.

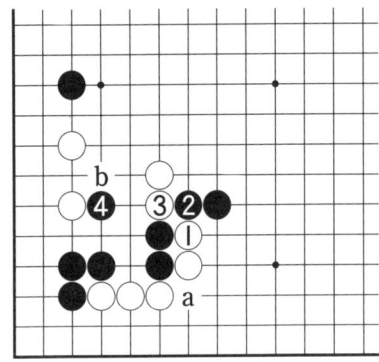

10도(무모한 끊음)

앞 그림 흑3 때 백1, 3의 끊음은 무모한 도발이다. 흑4로 지키면 a의 단점 때문에 백이 b로 막을 수 없으니 난감하다.

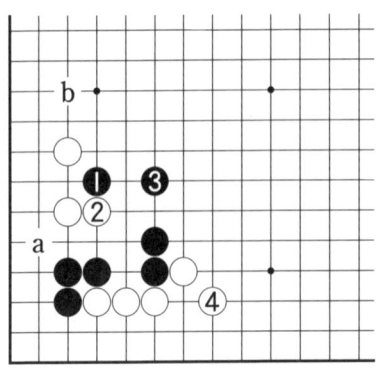

11도(급소 들여다보기)

되돌아가서, 흑1로 들여다보는 자리도 급소이다. 백도 2로 밀고 흑3으로 뛸 때 백4로 하변부터 지키는 것이 행마의 리듬이다.

다음 백은 상황에 따라 a나 b 를 선택해서 좌변 백을 추궁한다.

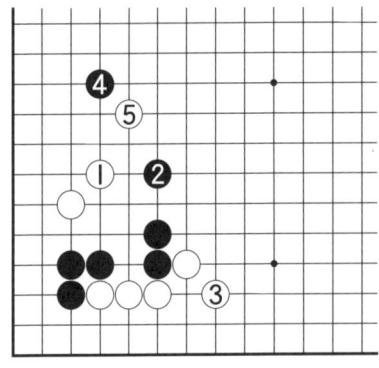

12도(백, 마늘모 행마)

처음으로 돌아가서, 백1 마늘모 행마는 중앙 쪽에 힘을 실어서 싸우려는 발상이다. 흑이 2로 뛴 후 양쪽 백을 노리면 간명하다. 백3으로 하변부터 지킴이 보편적 인데 흑4로 협공하면 백5로 비집 고 나가 이곳에서 본격 싸움이다.

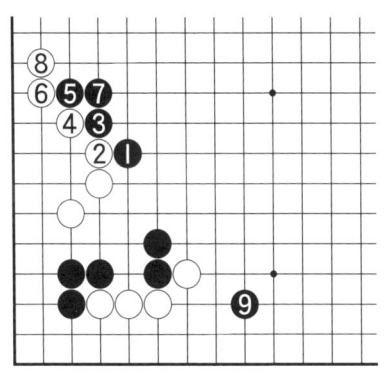

13도(어깨짚음과 간명책)

흑1로 어깨 짚는 수는 좌우를 연동해서 획책하는 고급 발상으로 무서운 노림도 있다. 백은 2로 밀고 이하 8까지 정리하면 무난하다. 흑9로 공격하면 하변에서 본격 싸움이다. 특히 좌상 방면이 흑세라면 이 그림이 간명하다.

14도(반발하며 싸움)

좌상 방면이 백세라면, 앞 그림 흑3 때 백1과 흑2는 상대 의도대로 두지 않으려는 반발이다.

백3으로 밀어올리며 새로운 양상의 싸움이 실전에 많이 나왔다.

15도(본격 싸움)

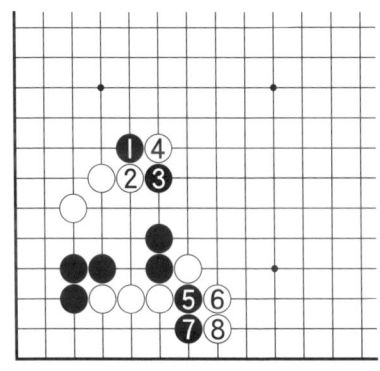

흑1에 백2, 4로 나와 끊으면 본격 싸움의 길로 들어선다.

하변 흑5의 끊음이 비수인데 백6, 8로 잡은 다음이 문제이다.

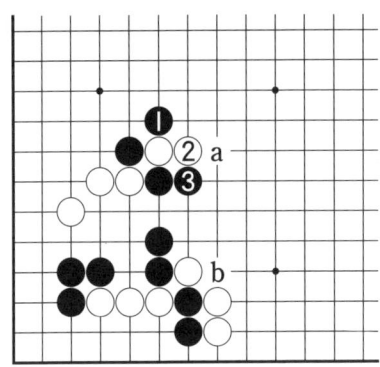

16도(맞보기)

이다음 흑의 축이 유리하면 1, 3으로 중앙 백을 몰아간다.

그리고 나서 보면 a의 축과 b의 단수를 흑이 맞볼 수 있으니 백이 제대로 노림에 걸려들었다.

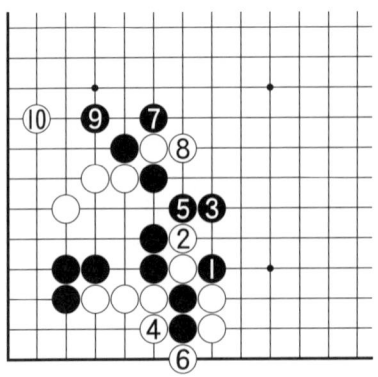

17도(효율적인 행마)

따라서 백도 중앙으로 나와 끊을 때는 축이 유리해야 하며, 그런 경우 흑은 15도 다음 1로 끊어 5까지 조인 후 7, 9가 좌변을 압박하는 효율적인 행마이다.

백도 10으로 타개하며 싸움이 확산될 조짐이다.

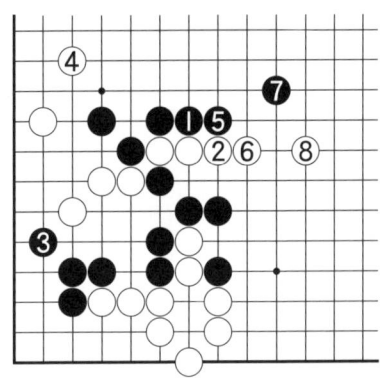

18도(중반 전투 영역)

이다음 싸움의 추이를 예측해보면, 흑1로 중앙의 요소를 밀고 3으로 귀를 지키는 것이 안전하다.

백4로 진출할 때 흑5로 밀고 8까지 중앙에서 경합하며 싸움이 점입가경이다. 이후는 중반 전투 영역이다.

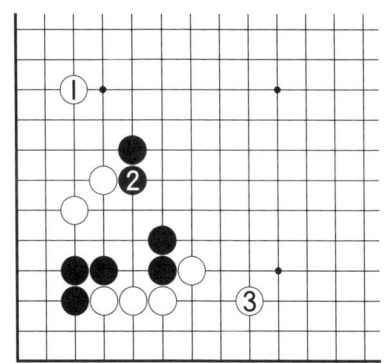

19도(타협책)

흑이 어깨 짚을 때, 백이 간명하게 대응하려면 1로 멀리서 비껴 받는 것도 일책이다.

흑2로 막으면 무난한데, 백도 3으로 하변까지 지키면 불만 없다. 서로 타협책이다.

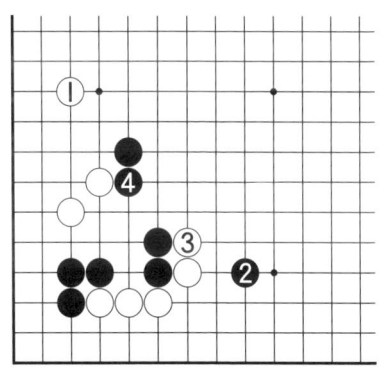

20도(중앙 싸움)

백1 때 흑2로 협공부터 하고 나서 4로 막는 방법도 있다.

흑이 중앙 싸움에 자신 있다면 이렇게 둘 수 있다.

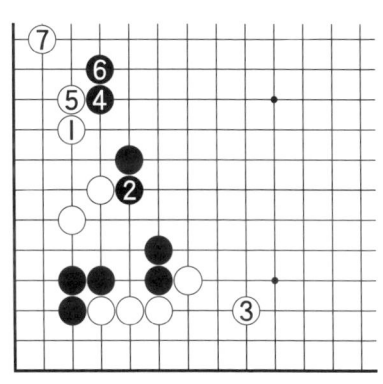

21도(백, 날일자 진출)

백1의 날일자로 진출하면 흑2로 막은 후 백3에 지킬 때 흑4의 씌움이 요소이다. 이하 7까지 서로 무난한 진행이다.

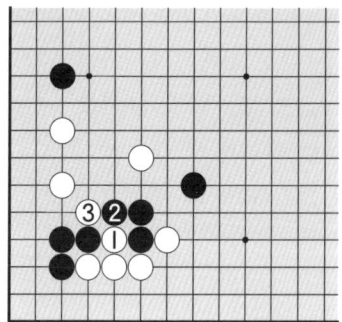

⊞ 장면

이 장면에서 백1, 3으로 허리를 끊으면 흑이 어떻게 대처할지 생각해 보자.

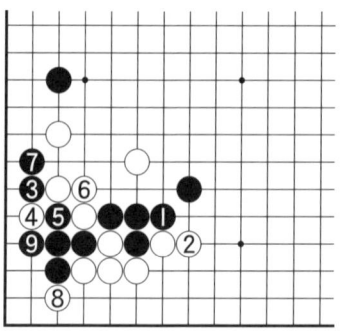

1도(중앙 전투)

흑1의 나감이 당연할 때 백2로 늘면 흑3 붙임이 귀를 타개하는 맥이다. 백도 4로 젖힌 후 9까지 활용하는 것이 좋은 수순이며, 앞으로 중앙 전투가 서로 숙제이다.

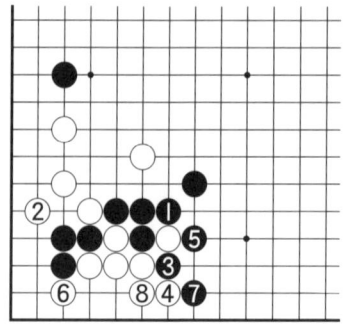

2도(흑의 선수 두터움)

흑1에 백2로 귀부터 공격하면 흑3으로 끊은 후 8까지 백이 귀를 잡아도, 하변 흑의 선수 두터움이 크게 앞선다.

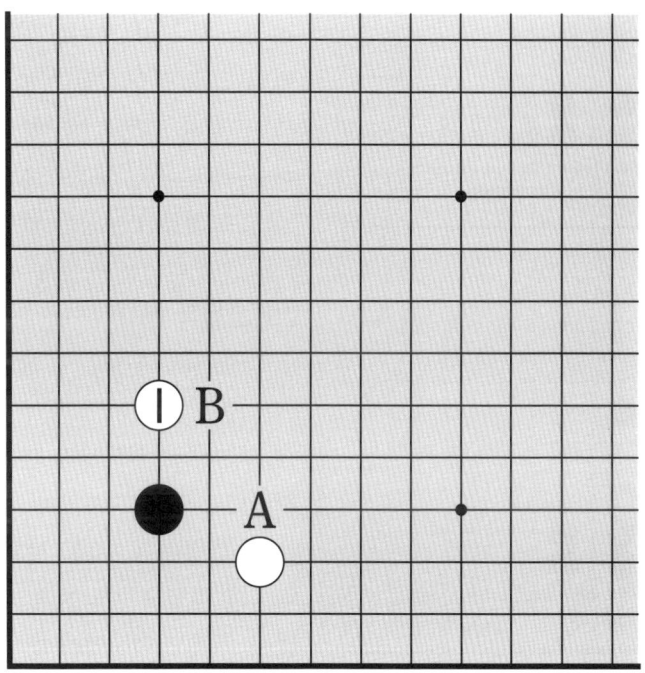

이번에는 화점 양걸침의 마지막 관문으로 한쪽을 백1
로 높게 걸치는 수에 대해 알아본다.

흑의 대응은 보통 A나 B의 붙임으로부터 출발한다.
특히 AI시대에는 B로 높은 걸침에 붙이면서 이전에 볼
수 없던 진화된 변화가 다양하다.

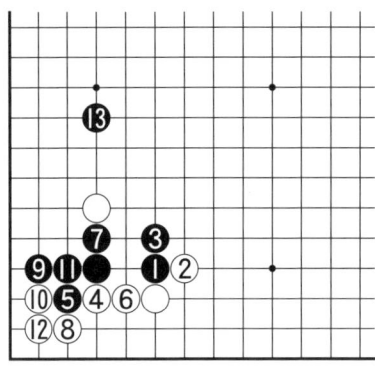

1도(단순한 한칸 붙임)

흑1의 한칸 붙임은 단순하게 둘 때 사용한다. 백이 일반 양걸침처럼 2, 4로 귀에 붙이면 흑5, 7의 쌍립 연결이 안전하다. 이하 12까지 귀가 결정되어 백 실리를 허용해도, 흑은 좌변이 강해져서 13으로 협공하면 불만 없다.

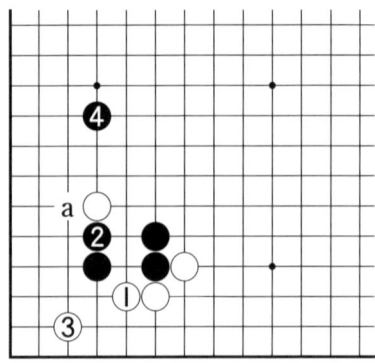

2도(효율적 행마)

앞 그림 흑3 때 백은 1, 3으로 귀에 파고드는 것이 효율적 행마이다. 흑도 4로 협공하면 적당한 타협이다.

이 형태에서 흑4는 상황에 따라 a의 젖힘도 가능한데, 예전에 많이 두던 정석이었다.

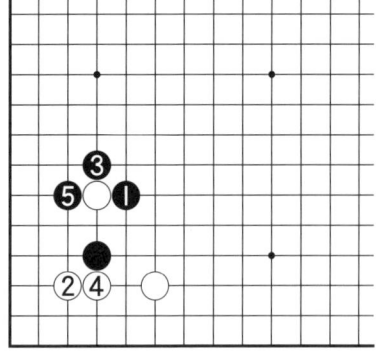

3도(흑, 두터움)

처음으로 돌아와서, AI시대에는 흑1의 날일자 붙임을 많이 둔다.

이때 백2로 3三에 들어가서 5까지 각자의 길을 가게 되면 백의 실리보다 좌변을 맛좋게 제압한 흑의 두터움이 돋보인다.

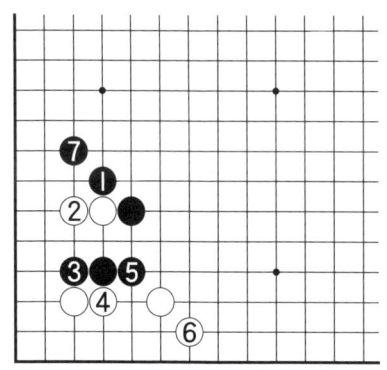

4도(흑, 기분 좋은 결과)

흑1로 젖힐 때 백2로 늘고 흑3에 막는 것이 서로 능동적이다.

다음 백4, 6으로 귀를 지키면 흑이 7로 두점을 제압해서 기분 좋은 결과이다.

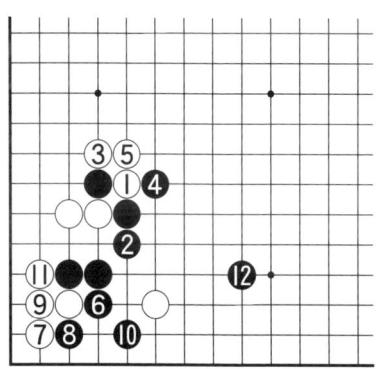

5도(진영을 나눠 갖고 타협)

앞 그림 흑3 때 백도 1로 끊고 흑2에 백3, 5로 한점을 잡는 것이 낫다. 흑6에 막혀도 백7의 마늘모가 좌우 연결을 엿보는 맥이다.

이하 10까지 서로 진영을 나눠 갖고 타협하는 진행이다.

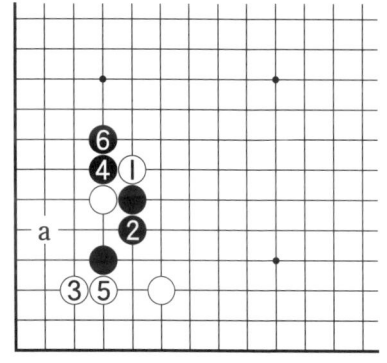

6도(각자의 길을 걸으며 타협)

되돌아가서 백1, 3의 수순대로 침입한 후 6까지 각자의 길을 걸으며 타협하면, 예전에 많이 두던 정석이었다.

정교한 AI의 판단은 흑 진영에 백a가 큰 자리로 노출돼있지만 흑도 두터워서 충분하다.

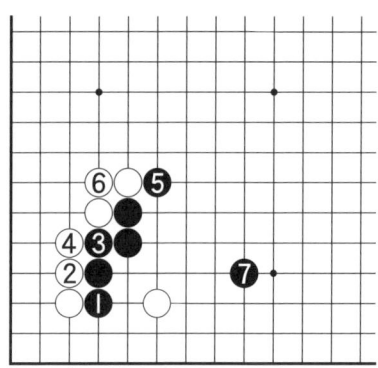

7도(흑, 실속이 없다)

앞 그림 백3 때 흑1로 하변과 차단한 후 7까지 처리하는 것은 백의 실리가 커서 흑의 실속이 없는 진행이다.

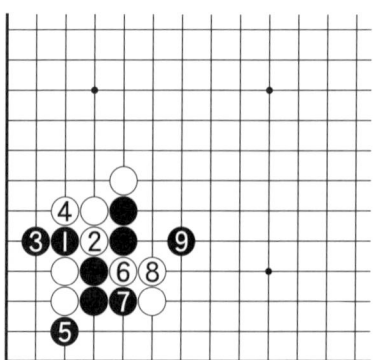

8도(자연스런 흐름)

앞 그림 백2 때, 흑1의 젖힘이 기세로 백2로 끊으면 흑3, 5로 귀를 제압하고 백6에 끊는 흐름이 자연스럽다. 흑7, 9 다음~

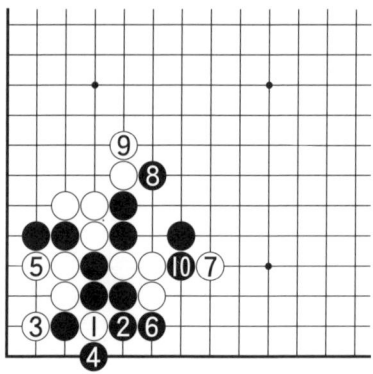

9도(바꿔치기 변화)

백1 이하 5까지 이번에는 백이 귀를 제압하고, 흑6에 꼬부리면 백7로 움직여 흑8, 10을 유도한 후 여기서 백이 손을 뺀다.

　　AI가 추천하는 바꿔치기 변화인데, 귀를 허용한 흑도 하변을 제압해서 불만 없다.

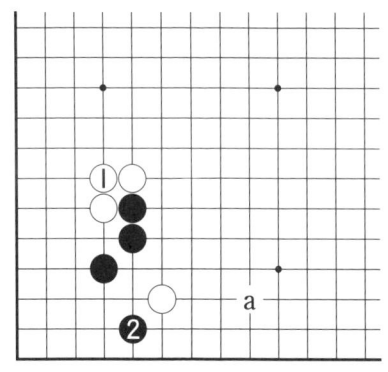

10도(백, 변의 두터움 중시)

6도 흑2 때, 백이 변의 두터움을 중시하면 1의 이음도 일책이다.

흑2로 귀를 지킬 때 백은 하변 a로 벌리든지, 좌변을 향한다면 기반이 강하므로 넓은 안목이 필요하다.

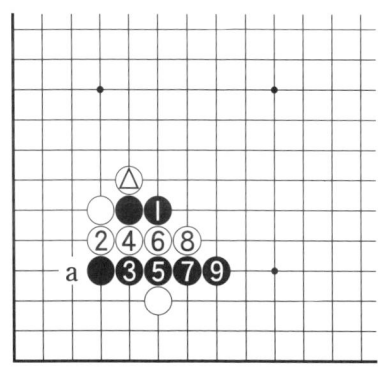

11도(흑, 만족)

AI시대에는 백△에 흑1로 늘어 중앙을 중시하는 수가 각광을 받는다. 이때 백2 이하로 치받고 뚫고 나가면, 흑3으로 늦춘 후 상대가 하자는 대로 9까지 늘어 실리가 커진 흑의 만족이다. 흑9는 a로 귀를 지켜도 좋다(AI 추천).

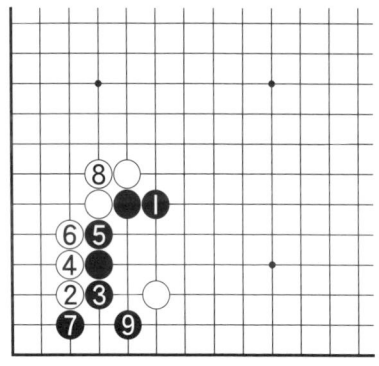

12도(백, 3三침입)

흑1에 백은 2의 3三침입을 생각할 수 있다. 흑은 3, 5로 정비한 후 7의 젖힘이 좋은 수순이다.

백8에 이으면 흑9의 호구가 귀와 변을 아우르는 탄력적인 행마이다. 서로 무난한 진행이다.

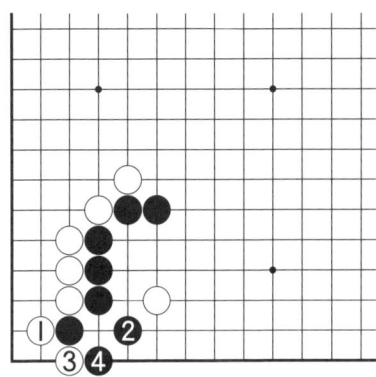

13도(패로 버팀)

앞 그림 흑7 때, 백1로 젖혀도 흑
은 2로 호구치는 것이 탄력적이
다. 백3에는 흑4의 패로 버티려
는 뜻이다.

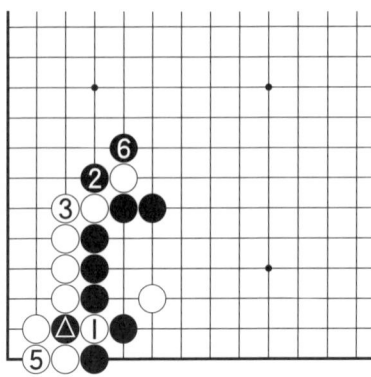

14도(단수 팻감)

백1로 따내도 흑2의 단수 팻감이
있어 다음 흑4로 따내고 백5로
잇는 흐름이 부분적으로 자연스
럽다. 이다음 흑6으로 한점을 축
으로 잡을 수 있다면, 하변도 패
로 방어한터라 흑이 둘만하다.

15도(백의 활용하는 맛)

흑은 축이 불리하면 1로 늘고 백
2에 흑3의 장문으로 잡아도 무난
하지만, 백도 a와 b의 활용이 남
아 불만 없다.

　이때는 흑도 1로 두지 않고 하
변부터 통제하거나 손을 빼는 전
략이 현명하다.

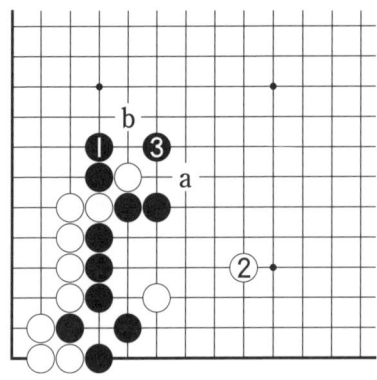

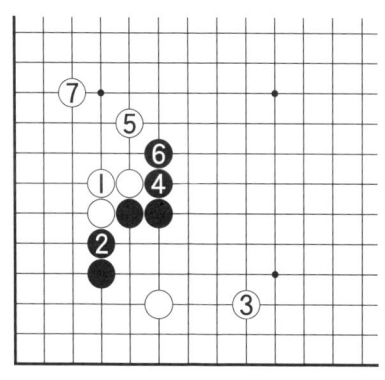

16도(백, 간명한 이음)

백은 축이 불리하면 3三침입을 고집할 필요가 없다. 우선 백1로 이으면 간명하며, 흑은 2로 치받는 것이 힘찬 수단이다.

백3에 벌리면 흑4의 꼬부림이 중앙 요소이며, 7까지 AI가 제시하는 알기 쉬운 타협 수순이다.

17도(백, 중앙 중시)

앞 그림 흑2 때, 백이 중앙을 중시하면 1로 먼저 밀고 3에 벌리는 것이 효과적이다.

흑도 4로 귀를 지킨 후 a와 b의 협공을 맞보면 충분하다.

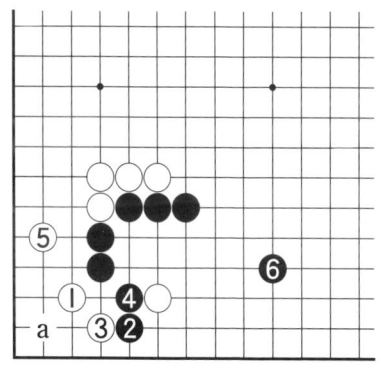

18도(흑, 하변 두터움)

앞 그림 흑2 때 백1의 3三침입은 귀의 실리를 기반으로 삼겠다는 뜻인데 흑2로 차단하고 백3, 5로 넘는 흐름이 예상된다.

AI 안목에서, 흑6으로 모양을 구축하면 a의 맛도 있고 하변이 두터운 흑이 활발한 진행이다.

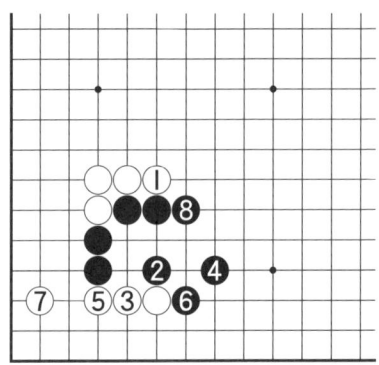

19도(유력한 붙임)

AI는 백1에 흑2의 붙임도 유력한 대응으로 본다.

이하 8까지 추천 변화인데, 백이 귀의 실리를 차지했지만 흑도 두터운 모양을 형성해서 서로 어울린 진행이다.

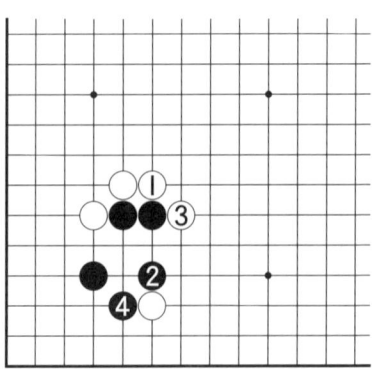

20도(백의 강수)

거슬러 올라가, 백이 강하게 두려면 1로 밀어올린다. 그러면 흑2의 붙임이 자연스럽다.

이때 백3 젖힘은 노림이 있지만, 흑이 4의 호구로 단단히 지켜서 만족이다.

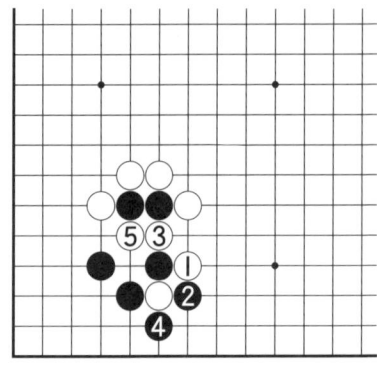

21도(두터움 활용이 관건)

백의 노림이란, 이다음 백1로 젖혀 흑2에 백3, 5로 중앙 두점을 잡는 부분 기술이다. 이 결과는 백도 상당히 두텁지만, AI는 선수로 실리를 알차게 차지한 흑이 유리한 진행으로 본다. 백은 앞으로 두터움 활용이 관건이다.

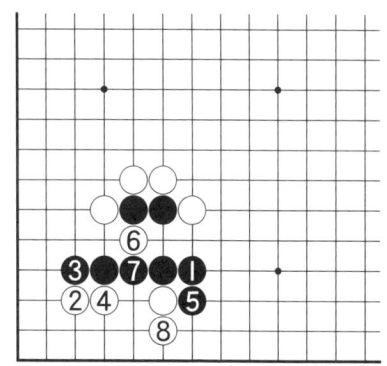

22도(시의적절한 침입)

20도 백3 때, 흑이 두터움을 주지 않기 위해 1로 뻗으면 백2의 3三침입이 시의적절하다.

흑3으로 막은 후 8까지 AI가 제시하는 수순이다.

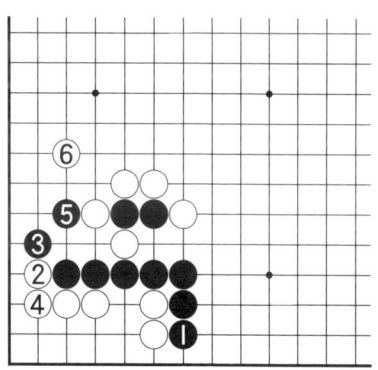

23도(타협의 결과)

이다음 흑1로 막으면 백2, 4의 보강은 필연이며 흑5에 백6으로 좌변을 가로막는 진행이 예상된다. 백이 귀와 변에서 활약했지만, 흑도 하변이 강하고 선수여서 타협의 결과이다.

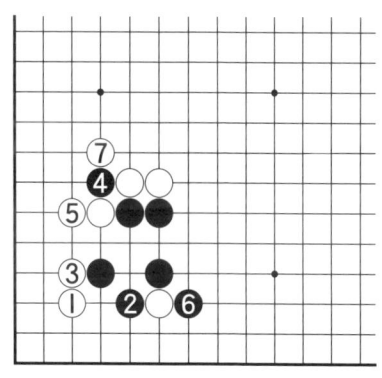

24도(침입 타이밍)

20도 흑2 때 백이 21도와 같은 흑의 실리를 피하려면, 여기서 1의 3三침입이 타이밍이다.

흑은 2로 호구쳐 백3에 넘겨주면서 흑4, 6으로 하변을 제압하면 간명하다. 백7로 한점을 잡으면 서로 타협이다.

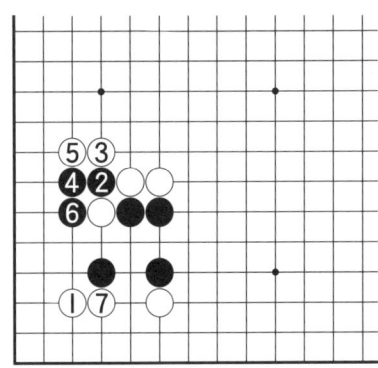

25도(노련한 대응)

백1 침입 때 흑2의 끊음도 노련한 대응이다.

이때 백이 3, 5를 결정하고 7로 넘는 것은 찬성할 수 없다.

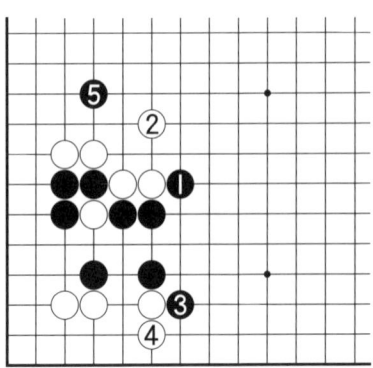

26도(백의 약점 공략)

이다음 흑1, 3으로 양쪽을 선수해서 흑 모양을 강화한 후 5로 좌변 약점을 공략하면, AI 안목에서 흑이 유리한 진행으로 본다.

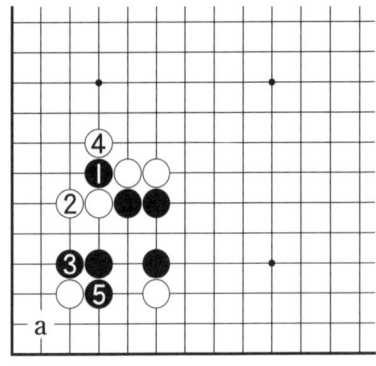

27도(순조로운 수순)

흑1 끊음에는 백도 2로 살리고 흑3에 백4로 한점을 잡는 것이 순조로운 수순이다.

흑도 5로 막아 충분한데, 차후 백은 a로 움직이는 맛이 남아 서로 타협이다.

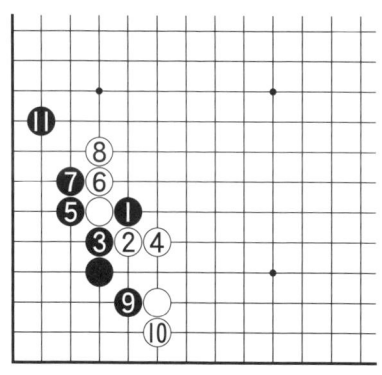

28도(과감한 시도)

되돌아가서 흑1에 백2, 4의 도발은 축이 좋을 때의 과감한 시도이다. 흑이 간명하게 두자면 5, 7로 밀고 9를 활용한 후 11로 진출하면 된다. AI는 백 세력이 돋보이지만 흑도 실리를 취하는 자세가 좋아 충분한 진행으로 본다.

29도(흑, 변으로 몰기)

앞 그림 백4 때 흑은 1, 3으로 변으로 몰아갈 수도 있다.

백은 4의 마늘모 맥을 구사하며 6, 8로 귀를 점거하지만, 흑이 석점을 잡아서 불만 없다.

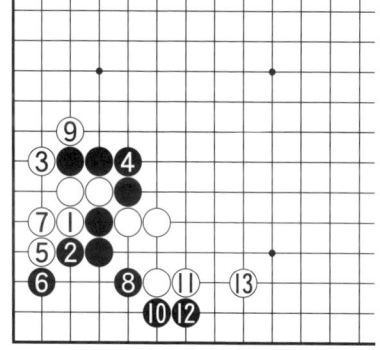

30도(백, 불리)

앞 그림 흑3 때 백은 1, 3으로 젖히며 싸울 수도 있다. 축이 불리한 흑은 4로 이어야 하며, 백5 이하 9까지 필연이다.

흑10에 젖힐 때, AI 안목에서 백이 11, 13으로 물러서면 불리한 진행으로 본다.

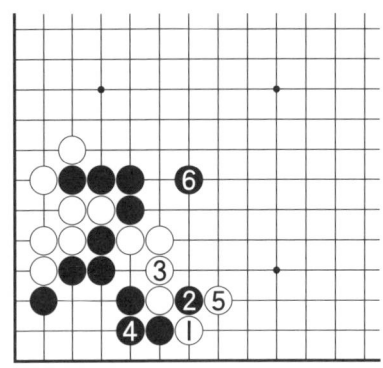

31도(백, 능동적 젖힘)

앞 그림 흑10 때 백1의 젖힘이 능동적 대응이다. 흑도 2, 4로 단수치고 이으면 간명하다.

백5로 잡을 때, 흑6으로 움직이면 AI 안목에서 적당한 타협으로 본다.

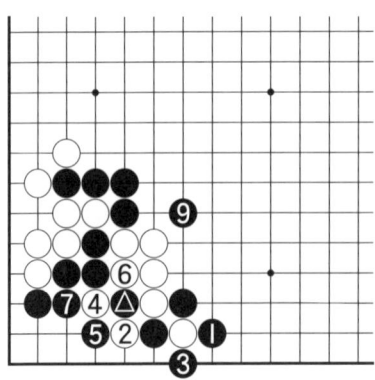

32도(흑, 중앙 운영)

앞 그림 백3 때 흑이 중앙 운영에 뜻을 둔다면 1로 변의 한점을 잡는 것도 유력하다. 백2로 단수친 후 8까지 필연이며, 흑9의 씌움이 행마의 요점이다.

33도(조이는 것이 선수)

이다음 백1 단수에 흑2, 4로 조이는 것이 선수로 작용한다.

여기서 흑은 손을 빼도 되는데, 차후 백이 a의 단점으로 b와 c, 모두 공략할 수 없다.

AI의 대국적 안목에서, 두터운 흑이 약간 기분 좋은 결과이다.

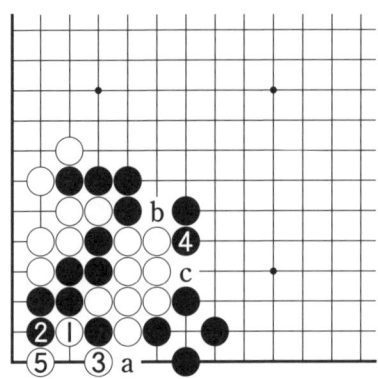

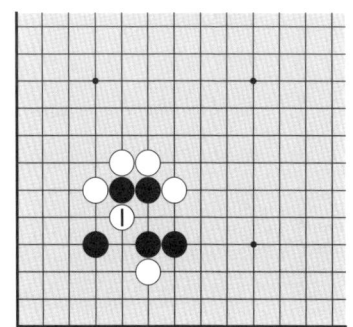

▦ 장면

이 장면에서, 백이 3三에 침입하기 전에 1로 먼저 단수치면 흑은 어떻게 대응할지 생각해보자.

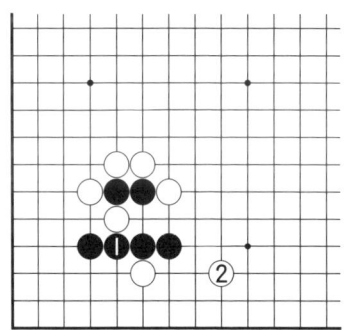

1도(백, 충분)

흑1로 변에서 잇는 것은 바람직하지 않다.

중앙 백이 두터워져서, 다음 백은 좌변을 넓게 사용할 수 있다. 흑 모양에 뒷문이 열려있어 하변에서 백2로 다가서도 충분하다.

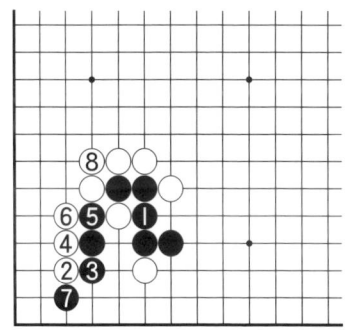

2도 (흑, 순조로운 흐름)

일단 흑1로 이어야 중앙 백 모양의 단점을 노릴 수 있다. 백2로 침입하면 흑3에 막은 후 8까지 AI가 제시하는 무난한 변화이다.

다음 흑이 좌변 백세를 견제하면 순조로운 흐름이다.

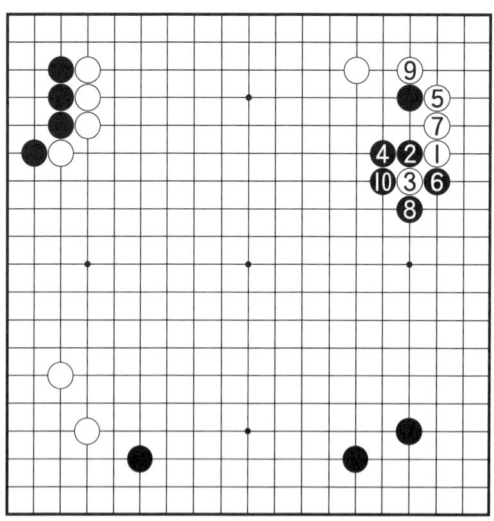

실전 1

좌상귀를 보면 AI시대 포석임을 알 수 있다. 초점은 백1의 양걸침인데 흑2, 4에 백5의 붙임은 상용 수단이다.

흑은 6으로 변에서 끊은 후 10까지 귀의 실리를 허용한 대신 우하귀 굳힘과 연동하며 우변을 세력화했다.

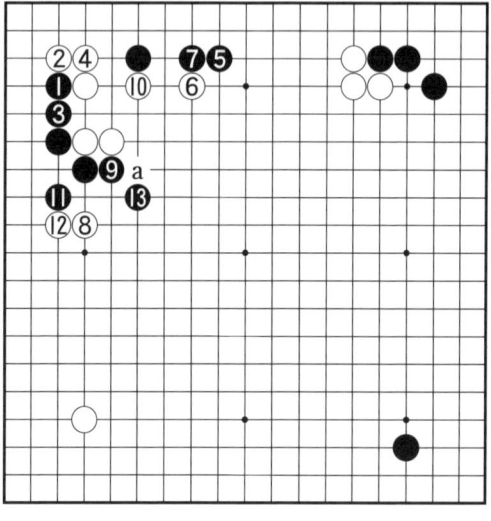

실전 2

좌상귀 양걸침 포석에서 흑1 붙임에 백2, 4로 귀에서 받았다. 흑5의 두칸벌림은 상변 백세를 견제한 선택이며, 백 6 이하 13까지 서로 행마의 리듬을 탄다.

AI는 다음 백이 a로 찝어 모양을 정리하는 요령을 알려준다.

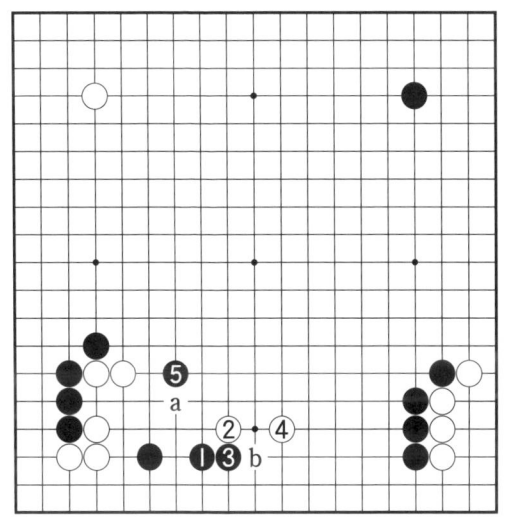
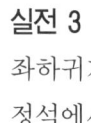

실전 3

좌하귀가 흑의 양걸침 정석에서 파생한 변화이다. 하변이 강한 흑은 1의 한칸으로 움직인 후 백2, 4로 견제할 때 흑5로 가르며 양쪽 백을 노린다. 이후 실전은 백이 a로 싸움을 걸었지만, AI는 b의 호구 막음을 우선으로 본다.

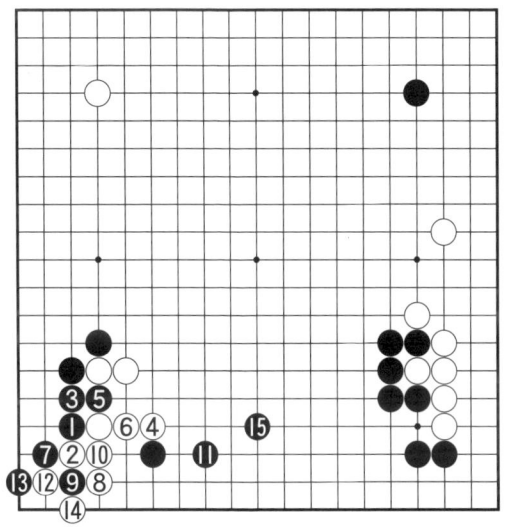

실전 4

좌하귀 흑 양걸침 정석에서 백2, 4로 붙이면 이하 10까지 알려진 수순이다.

흑11은 하변 흑세와 연계된 선택이며 백12, 14로 귀를 허용했지만, 흑은 15로 모양을 구축해서 주도적 반면 운영을 보여준다.

바둑 일류의 심오하고 창조적인 판세 읽기

진격의 중반전

352쪽 | 목진석 감수 · 이하림 편저

바둑의 드라마틱한 중반전에 프로 일류는 어떻게 판세를 읽어가는가? 프로 고수의 실전보에서 재료를 발췌해 중반의 긴 과정을 따라가면서, 형세판단을 곁들여 나타날 수 있는 다양한 장면들을 보여준다.

이기는 바둑 시리즈

01 기본정석으로 강자가 되어라

272쪽 | 목진석 감수 · 백재욱 지음

귀의 화점과 소목에서 기본적이고 중요한 변화를 익힌다면 정석을 거의 마스터했다고 봐도 좋다. 그러므로 바둑에 강해지려면 화점과 소목의 기본정석을 마스터하라!

02 기본포석으로 승자가 되어라

276쪽 | 목진석 감수 · 백재욱 지음

최근의 포석은 처음부터 공간 전체를 활용하는 발상이 트렌드다. 그 과정에서 치열한 전투가 일어나기도 한다. 그럴수록 기본에 바탕을 둔 포석 감각을 익혀라. 그것이 안전하게 이기는 길이다.

03 기본행마로 감각을 키워라

276쪽 | 목진석 감수 · 이하림 지음

바둑은 효율이다. 효율적인 바둑을 두려면 부분적인 모양에서의 행마의 길과 쓰임새, 전체적인 안목에서의 급소와 행마법을 익혀야 한다. 이런 행마의 감각을 키워 실전에서 적절히 구사해보자.

04 기본전략으로 판을 지배하라

268쪽 | 목진석 감수 · 이하림 지음

정석은 주로 귀의 변화, 포석은 귀를 토대로 한 변의 변화가 핵심이라면, 전략은 중앙까지 염두에 둔 입체적 실전적 개념이다. 그야말로 야전(野戰)이다. 이제 야전의 세계로 들어가 보자.

05 기본사활로 수읽기에 강해져라

272쪽 | 목진석 감수 · 이하림 지음

전체 판을 주도하려면 부분전투에 능해야 하고 그런 능력을 키우려면 수읽기에 강해져야 한다. 사활은 그 첩경이다.

06 기본맥점으로 수보기에 강해져라

272쪽 | 목진석 감수 · 이하림 지음

바둑 한 판의 과정에는 다양한 맥이 숨어있다. 이런 맥을 찾는 학습으로 수를 빨리 보는 힘을 기르면 판의 급소를 읽으며 각종 전투에서 승리할 수 있다.

07 기본변칙수로 위기를 돌파하라

272쪽 | 목진석 감수 · 이하림 지음

바둑은 정석대로만 두어서는 이길 수 없다. 그 과정에는 온갖 변칙적인 수법이 도사리고 있다. 이런 위기를 극복하고 살아남으려면 불의의 변칙수를 응징하고 때로는 상황에 맞는 정의의 변칙수를 구사해 어려운 판세를 돌파해야 한다.

08 기본끝내기로 판을 뒤집어라

272쪽 | 목진석 감수 · 이하림 지음

바둑은 마라톤과 같아서 단번에 승부가 나지 않는다. 종반 역전의 짜릿함을 맛보려면 불리한 국면이라도 무모한 행동을 삼가며 때를 기다리는 인내심이 필요하다. 그런 절대 기회가 생겼을 때 끝내기의 묘미로 판을 뒤집어보자.

왕초보 바둑 배우기 시리즈

왕초보 바둑 배우기 1. 입문하기

238쪽 | 조창삼 지음

바둑을 처음 접하는 분들이 배워야 할 규칙과 기본 기술을 이해하기 편한 대화 형식으로 거침없이 풀었다.
1권을 마치면 누구랑 두어도 당당할 것이다

왕초보 바둑 배우기 2. 완성하기

236쪽 | 조창삼 지음

'입문하기 편'을 마친 분들이 배워야 할 부분 기술과 행마를 이해하기 편한 대화 형식으로 거침없이 풀었다. 2
권을 마치면 부분 전투에 자신이 붙어 바둑의 묘미를 느낄 것이다.

왕초보 바둑 배우기 3. 대국하기

240쪽 | 조창삼 지음

'완성하기 편'을 마친 분들이 배워야 할 초반의 포석, 중반의 전투, 종반의 끝내기 등 바둑의 한 판 과정에
서 필요한 핵심 기술을 초심자의 눈높이에서 보여준다.

| AI 최강 바둑 시리즈 |

최강 입문

인공지능 바둑시대 원리를 알고 파헤쳐 단숨에 바둑 두기! 초급자도 생각의 틀을 잡는 필독 입문서!

01 규칙편 264쪽 | 이하림 지음 · 진동규 감수

02 기술편 264쪽 | 이하림 지음 · 진동규 감수

최강 정석

인공지능 바둑시대 정석에서 진화된 수법 총정리! 혁신적인 AI의 안목으로 고정관념을 깨라!

01 화점 기본편 320쪽 | 이하림 지음 · 김일환 감수

02 화점 협공편 276쪽 | 이하림 지음 · 김일환 감수

03 소목 정석편 304쪽 | 이하림 지음 · 김일환 감수

최강 포석

인공지능 바둑시대 포석에서 진화된 수법 총정리! 혁신적인 AI의 안목으로 고정관념을 깨라!

01 화점 포석편 320쪽 | 이하림 지음 · 김일환 감수

02 소목 포석편 320쪽 | 이하림 지음 · 김일환 감수

최강 전투

인공지능 바둑시대 국면을 주도하는 능률적 전투 요령! 혁신적인 AI의 안목으로 고정관념을 깨라!

280쪽 | 이하림 지음 · 김일환 감수